모든 운동 경기가 경기장 안에서 이루어지듯이
삶의 모든 것은 마음 안에서 이루어진다.

마음을 다스려

나를 경영한다

마음을 다스려
나를 경영한다

1판 1쇄 발행일 2005년 4월 6일
1판 2쇄 발행일 2005년 10월 10일

지은이 | 김정빈
펴낸이 | 류희남
기획 · 편집 | 권미경, 지주한
본문 삽화 | 임미옥
본문 사진 | 성호창
표지 디자인 | 디자인 숨
펴낸곳 | 물병자리

출판등록일(번호) | 1997년 4월 14일(제2-2160호)
주소 | 110-070 서울시 종로구 내수동 1번지 대성빌딩 711호
대표전화 | (02) 735-8160 팩스 | (02) 735-8161
e-mail | mb@mbage.com
홈페이지 | www.mbage.com
ISBN | 89-87480-67-4 03320

마음을 다스려
나를 경영한다

김정빈 지음

～～～ 물병자리

차례

제3부 마음 다스리기 : 실습

시작하는 글 행복한 삶은 마음의 경영으로부터

인간다움과 살벌함이 공존하는 시대

신체장애를 가진 청년이 어머니의 도움을 받아 어렵고도 힘든 마라톤 코스를 완주해내는 과정을 그린 수작, 영화 〈말아톤〉이 잔잔한 감동의 물결을 일으키며 전국을 휩쓸고 있다. 우리의 가슴을 따뜻하게 적셔오는 이야기이다. 그런데 다른 한편에서는 그에 대비되는 섬뜩한 소식이 신문에 실렸다. 보험금을 노리고 남편의 살해를 청부한 아내, 단돈 천만 원을 받기 위해 청부살인을 시도한 심부름 센터 직원들…. 그래서 더욱이나 정신을 차리기 어려워진 세상이다. 따뜻한 마음을 잃지 말아야지 하면서도, 더욱 강해지고 모질어지지 않고서는 도태될지 모른다는 두려움이 밀려오는 것이다.

그렇다면 어떻게 해야 할까. 우리 안에서 출몰하는 '인간다움' 과 '살벌함' 과 '불안감' 등 다양한 의식과 감정을 어디서부터 어떻게 정리해야 하는 것일까.

웰빙의 시대는 마음의 시대

이 점에서 우리는 '마음' 에 관심을 기울여야 한다. 인간다움이든 살벌함이든 불안감이든, 그 모든 것이 마음의 문제이기 때문이다. 그리고 마음은, 미국의 심리학자인 마슬로우(A. Maslow)가 말했듯이 성장하는 것이다.

마슬로우에 의하면 인간의 욕구는 다섯 차원에 걸쳐 성장해간다. 생존의 욕구가 충족되면 물질적 욕구가 생기고, 물질적 욕구가 충족되면 감정의 욕구가 생긴다. 그리고 그같은 욕구의 성장은 '그냥' 사는 것이 아니라 '잘' 사는 것을 지향한다.

그리고 우리 사회는 지금 생존과 물질적 욕구만을 추구하던 시대로부터 감정의 욕구, 존재 확인의 욕구, 자아실현의 욕구를 추구하는 차원으로 발전해가고 있다. 그에 따라 우리는 근래 들어 웰빙(Well-Being)이라는 말을 자주 듣게 되었다. 웰빙은 글자 그대로 잘(well) 사는(being) 것이다. 우리는 이제 보다 인간답게, 보다 차원높게, 보다 고귀하게 살고자 하는 욕구의 시대를 맞고 있는 것이다.

그런데 웰빙이라는 말이 아직까지는 생체적·육체적인 측면에서 더 많이 쓰이고 있는 것 같다. 그러나 필자의 생각으로는, 진정한 웰빙, 진정한 삶은 마음이 아니고서는 성취할 수 없다. 마음, 그것을 모르고서는 사람다운 그 어떤 일도 이루어지지 않는다.

그런 의미에서 모든 것은 마음이다. 영화 〈말아톤〉도 주인공 청년과 어머니의 마음가짐으로부터 가능하였고, 살인 청부와 그 시도 또한 그들의 마음가짐으로부터 비롯되었다. 다만 전자는 마음을 알아 제대로 다스리거나 쓴 데 비해, 후자는 마음이 흘러가는 대로 방치하여 다스리지 않았다는 점이 다를 뿐이다.

따라서 마음을 다스리는 것, 마음에 대해 보다 깊이 알고, 그럼으로써 내 마음을 내 뜻대로 경영하는 것, 그것이야말로 날로 더욱 더 어지러워지고 혼란스럽게 느껴지는 세상을 걸어나가는 지혜의 첫걸음이 된다.

마음, 모든 것의 시작이자 끝

우리의 삶은 마음의 장(場, field)에서 이루어진다. 마음이라는 거울이 대상을 받아들여 비치지 않고 있을 때 우리는 살아 있어도 사는 것이 아니다. 예를 들어 잠을 자고 있을 때나 기절하여 까무라쳐 있을 때 우리는 행복하지도 않고 불행하지도 않다. 경험을 하지도 못하고, 나의 의지를 표현하지도 못하며, 남에게 이익을 줄 수도 없고, 손해를 끼치지도 않는다.

그러다가 마음이 잠과 기절 상태에서 깨어나 대상을 보고 듣고 인식하기 시작하면, 그때부터 진정한 의미에서의 삶이 시작된다. 바꿔 말해서 마음이 깨어나는 바로 그 순간이야말로 '주관적인 천지창조'가 이루어지는 개벽의 순간, 즉 '태초'라고 할 수 있다.

같은 방식으로, 실제로 어떤 사실이 일어났다고 해도 그것이 우리의 마음에 포착되지 않을 경우 그 사실과 정보는 행불행으로 작용하지 않는다. 예를 들어 누군가가 내 통장에서 무단으로 돈을 인출해 갔다고 해도 그것을 인지하기 전까지 나는 불행을 느끼지 않는다. 또한 한 시간 전에 아내가 병원에서 아들(딸)을 출산했다고 해도 그 소식을 듣기 전까지 나는 행복해지지 않는다. 이런 의미에서도 우리의 감각 기관에 어떤 정보가 포착되고 마음이 그것을 인식하는 바로 그때 진정한 의미의 삶, 즉 행불행이 시작되는 '태초'라고 말할 수 있다.

그리고 그렇게 시작된 우리의 삶이 또한 마음이라는 이름의 광장에서 진행된다. 마음의 광장에서 마음을 사용하여 우리를 사랑하고, 미워하고, 생각하고, 의도를 일으키는 것이다. 그리고 그렇게 산출한 의도를 우리는 행동으로 옮긴다. 그러면 행동의 결과는 남(상대방)에게로 옮겨가 같은 방식으로 처리되고, 그 결과인 그의 행동은 나를 향해 되돌아온다. 그러면 우리는 그의 행동을 앞에서 말한 태초로부터 다시 시작하여 처리하고, 그 과정에서 행불행을 느끼게 된다.

이렇듯 우리의 삶은 시작으로부터 끝까지 마음과 관련된다. 따라서 진정한 삶 또한 마음에서 시작되고 끝날 수밖에 없다. 마음이 무엇인지, 마음을 어떻게 사용해야 하는지를 알지 못하고서는 진정한 삶, 차원 높은 삶으로 나아가는 길을 발견할 수 없는 것이다.

붓다는 마음을 가르쳤다

위에서 말한 것, 삶의 모든 것은 마음이라는 장(場)에서 이루어진다는 것은 필자의 주장이 아니라 인류의 대스승이신 붓다의 가르침이다. 불교 명언으로 널리 알려져 있는 '일체유심조(一切唯心造)'라는 말의 뜻도 "모든 것은 마음먹은 대로 된다"는 뜻이 아니라, "모든 것은 마음의 장에서 이루어진다"는 뜻이며, 이같은 인식에 기초하여 붓다는 위빠사나(Vipassana)라고 불리는 독특한 명상법을 창안하였다.

필자는 어렸을 때부터 진정한 삶의 길이 무엇인지에 대해 깊은 관심을 갖고 있었다. 그같은 탐구의 결론으로써 불교에 귀의한 것은 1985년. 그러나 한국불교의 현실에 깊숙이 들어가 본 경험을 통하여 우리의 불교전통에 대해 많은 의문을 일으키게 되었으며, 그 의문으로부터 변질되지 않은 붓다 자신의 불교, 즉 붓다가 맨처음에 가르쳤던 불교 그대로의 모습을 보고 싶은 강한 욕구를 갖게 되었다.

그리하여 붓다 당시의 불교(근본불교)에 대해 관심을 갖게 되었고, 그 결과 남방불교(태국·스리랑카·미얀마의 불교)의 전통 속에 붓다의 근본 사상이 고스란히 전해져 오고 있다는 사실에 주목하였다. 나아가 남방불교는 아직까지도 붓다가 직접 가르치신 팔정도(八正道)를 수행법의 기초로 삼고 있다는 것과, 팔정도 수행의 핵심 명상법이 위빠사나라는 것을 알게 되었다.

그때가 1989년, 그 이후 필자는 선구적인 여러 스님들을 통하여 위빠사나 수행법을 배울 기회를 가졌다. 그러던 중 1995년에 위빠사나 수행법이 가장 독실하게 수행되고 있는 미얀마를 방문하여 수도 양곤에 있는 찬미에 수도원의 우자나카(U. Janaka) 원장 스님의 지도를 받게 되었다. 그때 필자는 수행기간에 출가승려로서 생활하였는데, 비록 짧은 기간이었지만 필자가 그때의 수행을 통해 얻은 경험과 지혜는 지금까지도 필자의 인격 가운데 가장 값지고, 깊고, 순수한 부분을 차지하고 있다.

사마타 명상과 위빠사나 명상

붓다에 의하면 명상법에는 두 가지가 있다. 첫째는 집중명상이고, 둘째는 통찰명상인데, 붓다는 집중명상을 사마타(Samatha), 통찰명상을 위빠사나라고 불렀다.

집중명상이란 마음을 어떤 대상에 집중시키는 명상법이다. 따라서 이 명상법은 셀 수 없을 만큼 종류가 많다. 세상에 알려진 모든 명상법, 예를 들어 힌두교의 수많은 명상법과, 가톨릭의 묵상, 기독교의 기도, 불교의 염불 등은 모두 이 명상법으로 분류될 수 있다. 이들은 모두 집중의 대상만이 다를 뿐, 마음을 어떤 대상에 집중하여 그 결과 몰입의 상태에 이른다는 점에서 같은 원리의 적용을 받는 명상법인 것이다.

마음은 한 대상에 집중·몰입하면 어지럽고 혼란스럽던 상태가 진정된다. 바꿔 말해서 그때 마음은 번뇌를 잊게 되어 평온하고 느긋해지며, 거기에서 집중·몰입이 더 깊어지면 삼매(三昧)라고 불리는 현상이 일어난다. 삼매는 인도어의 사마디(Samadhi)를 중국인들이 소리나는 대로 옮긴 말인데, 삼매의 특징은 집중, 몰입, 자아의 망각, 그를 통한 마음의 안정, 평화, 행복, 지복 등이다.

문제는 이같은 좋은 결과들이 영속적이지 못하다는 데에 있다. 집중명상을 통해 얻게 되는 안정·평화·행복·지복 등은 집중명상의 깊이에 따라 짧게는 수초, 길게는 여러 시간 동안 계속될 수 있다. 명상의 달인이라면 여러 날 동안 이 경지에 머물 수도 있을 것이다. 그렇지만 언제가 될지는 모르지만 그 경지가 끝나는 때가 온다. 집중에는 한계가 있기 때문에 결국에는 집중의 힘이 흩어지는 때가 오는 것이다.

그러면 마음은 다시 예전의 상태로 되돌아오게 마련이다. 물론 그렇긴 해도 전처럼 마음이 날뛰지는 않겠지만, 어쨌든 집중명상으로 얻은 경지를 영속시키는 방법은 없다. 다만, 그것을 반복적으로 수행하여 자주자주 그 경지에 들 수 있을 뿐이다.

이것은 세속적인 의미의 삼매를 생각해 보면 쉽게 이해되는 문제이다. 필자는 독서·낚시·바둑·게임 등을 통해 얻게 되는 집중과, 그 집중을 통해 얻게 되는 심리적인 안정·평화·쾌감을 '세속삼매'라고 부르고 있는데, 이들 삼매 또한 집중이 되었을 때는 안정·평화·쾌감을 느끼지만, 머지 않아 그것이 깨어지는 때가 오도록 되어 있다. 이 점은 세속삼매의 다른 양태, 즉 우리가 흔히 '~에 빠졌다'고 표현하는 연애 · 도박 · 사기(詐欺 : 사기를 당하는 과정에서 당하는 사람은 달콤한 환상에 빠져든다) · 마약 등의 경우에서도 발견되는 현상이다.

따라서 영속적인 명상의 경지가 요구되는데, 이같은 필요에 의해 나타난 것이 위빠사나 명상법이다.

앞에서 말했듯이, 사마타 명상법의 원리가 집중인데 비해 위빠사나 명상법의 원리는 통찰이다. 그렇긴 하지만 위빠사나에는 사마타의 원리도 포함되어 있다. 쉽게 설명하면 사마타 명상은 오직 집중력만을 사용하고, 위빠사나 명상은 집중력과 통찰력을 함께 사용한다.

위빠사나 명상법은 집중력을 사용하되, 그 집중력 때문에 자아를 잊을 정도로는 사용하지 않는다. 사마타 명상을 통해 명상자가 지상을 벗어난 것 같은 지복을 느끼는 것은 자아를 잊기 때문인데, 위빠사나 명상자는 오히려 그 경지까지 들어가지 않는다. 자아를 잊게 되면 지복을 느낄 수는 있지만, 깨달음, 즉 지혜를 얻을 수는 없기 때문이다.

바꿔 말해서, 위빠사나 명상자는 사마타 명상을 통해 자아를 잊기 전까지의 경지까지 들어간 다음, 그 상태에서 통찰명상의 기법을 사용하여 깨달음을 얻는다. 그리고 그렇게 얻은 깨달음, 즉 지혜는 항구적으로 남아 명상자를 돕는다. 이런 방법으로 붓다는 명상의 경지에서 나온 다음에도 여전히 성자인, 일년 삼백육십오 일, 하루 스물네 시간 내내 평화와 지복을 누리는 경지를 성취할 수 있었다.

위빠사나 명상을 통한 마음의 평화

사마타 명상법은 종류도 많고 모든 종교전통에서 찾아볼 수 있는 것이지만, 위빠사나 명상법은 오직 붓다에게서만 찾아 볼 수 있는 것이다. 붓다가 당시의 인도 종교인 브라만교와 겉보기엔 비슷한 명상 법을 가르치면서도, 자신은 새로운 종교, 새로운 길을 가르치노라고 선언한 것은 오직 위빠사나라는 독특한 명상법에 근거한 것이었다. 바로 이것이 그때까지의 인도종교 전통에서는 찾아볼 수 없는 것이 었고, 바로 이것에 의해 붓다의 위대하고 특별한 인격이 완성되었으 며, 바로 이것 때문에 불교라는 종교가 성립할 수 있었던 것이다.

그리고 위빠사나 명상법의 위대성은 지금에 이르러서도 그 위대함 을 조금도 손상당하지 않은 채 고스란히 남아 있다. 그것은 붓다 당시 나 지금이나 우리가 매일매일 매순간 매순간 사용하는 마음이라는 것이 조금도 달라지지 않았기 때문이다. 붓다 당시에도 사람은 마음 의 장에서 마음을 운용하면서 살았고, 지금 사람도 그러하다. 붓다 당 시에도 마음을 알아 잘 다스린 사람은 행복하게 살았고, 지금 사람도 그러하다. 따라서 붓다가 깊이있게 통찰하고 깨달았던 진실은 지금 우리에게도 변함이 진실하다.

또한 위빠사나 명상법은 불교라는 종교조차도 넘어서는 것이다. 위빠사나의 명상원리인 통찰을 요즘 말로 하면 '있는 그대로 바라보 기'가 되는데, 사물과 자기 자신을 있는 그대로 바라보는 것은 불교 인이든 기독교인이든, 종교인이든 비종교인이든 언제, 어디서나, 누 구에게나 필요한 덕목이기 때문이다.

이같은 장점 때문에 위빠사나 명상법은 서구에서도 널리 보급되고 있다. 필자의 스승이신 우 자나카 선사만 하더라도 해마다 서구의 여 러 나라에서 명상을 지도하고 있는데, 스님이 방문하여 지도하신 나 라의 수만 해도 이십여 개국이 넘는다. 또한 영어로 번역된 위빠사나 소개서만을 보고 자발적으로 이를 수행하는 자생적인 수련단체들도 많다. 이것은 필자가 수년 전에 하와이에 갔을 때 직접 확인한 바 있는데, 하와이에는 자생적인 위빠사나 수련단체가 여럿 있으며, 이같은 현상은 서구의 곳곳마다 공통적으로 일어나고 있다. 또한 한국에도 현재 위빠사나를 수행하는 많은 단체가 있으며, 앞으로 이런 단체의 수는 더욱 늘어날 것으로 예상된다(218쪽의 위빠사나 명상원 참조).

나아가, 인도 출신의 명상가 크리슈나무르티의 가르침도 위빠사나 원리에 기초한 것이었고, 오쇼 라즈니쉬 또한 자신의 아쉬람에서 언제나 위빠사나를 가르쳤다. 근래에 필자는 기독교 방송에 출연한 한 목사님이 집중명상과 통찰명상에 대해 설명하시는 것을 들은 적이 있다. 이것은 통찰명상, 즉 위빠사나 명상이 얼마나 보편적인 원리를 갖고 있는지를 증명해주는 좋은 사례가 될 것이다.

따라서 필자는 현대인에게도 필요한 위빠사나 명상법을 많은 사람들에게 소개하고 싶었다. 그러나 앞에서 잠깐 설명한 것만으로도 알 수 있듯이, 위빠사나 명상법을 제대로 소개하기 위해서는 꽤나 까다로운 논의가 필요하다. 그리고 어느 만큼은 불교라는 종교적인 세계로 독자를 이끌고 들어갈 필요가 있다. 또한 위빠사나는 최후의 경지로서 해탈을 목표로 삼게 되는데, 필자는 그런 높은 경지를 논할 정도의 수행경험을 갖고 있지 못하다.

이같은 사정에 맞추어 필자는 일반 독자가 쉽게 이해할 수 있는 수준에서, 배타적인 종교성을 배제한 소개서를 써보기로 하였다. 용어도 가능한 한 현대어로 바꾸고, 필자의 경험과 사색을 바탕으로 우리 모두가 잘 알고 있는 심리이론을 통하여 위빠사나의 이론과 실제를 전개해 보았다. 그렇게 하여 탄생한 것이 이 책이다.

읽어보시면 알겠지만 이 책은 종교서가 아니다. 필자가 이 책에서 추구한 것은 삶의 진실이란 무엇인가, 진정한 삶을 살려면 우리는 무엇을 이해해야 하는가, 우리는 어떤 마음가짐을 가져야 하며, 어떤 행동을 해야 하는가 하는 것 등이다. 그리고 그 결론으로서 필자는 위빠사나 명상법과 그에 근거한 몇 가지 실천 요령을 제시하였다.

필자가 이 책에서 제시한 이론과 방법들은 모두 붓다의 위대한 정신을 음미하는 가운데 필자 자신이 직접 터득한 것들로서, 필자는 이를 통하여 삶에 대한 이해를 넓히고, 보다 깊은 마음의 평화와 안정을 얻을 수 있었다. 그리고 독자 여러분 또한 같은 보람을 얻을 수 있으리라고 믿어 의심치 않는다.

아무리 좋은 세상에도 타락한 사람이 있듯이, 아무리 혼란한 세상일지라도 진실을 추구하는 사람은 있게 마련이다. 보다 가치있는 삶, 보다 의미있는 삶, 보다 질서있고 평화롭고 아름다운 삶을 추구하는 이들이 아주 없어진 시대는 결코 없었다.

이 책이 그런 이들의 곁에서 따뜻한 위로가 되고 다정한 동반자가 되기를 기쁜 마음으로 가만히 기대해 본다.

2005년 3월
김정빈

제1부

마음, 모든 것의 시작이자 끝

현실, 문제로 가득찬 후송병원

누구나 아름다운 삶을 꿈꾼다.

누구나 평화로운 삶을 바란다.

그러나 소년소녀 시절 가슴 가득히 품고 있던 꿈과 바람은, 나이 3, 40대쯤 되면 어디론가 가물가물 사라져 버리고 마는 것이 인생이다. 그리하여 지금 우리가 처해 있는 곳은 '꿈'이 아닌 '현실'이다.

그것은 어떤 현실인가. 한마디로 말해서 우리의 현실은 '문제의 연속'이다. 이 문제를 해결해 놓으면 저 문제가 생기고, 저 문제를 해결해 놓고 잠시 쉬려는 순간 또 다른 문제가 생겨나는 것이 지금 우리가 살아가고 있는 삶의 모습인 것이다.

어떤 경우 지금의 문제가 다 해결되지 않았는데 새 문제가 생겨나는 경우도 있다. 그럴 때 우리는 지금의 문제는 적당히 얼버무려 둔 채 급박하게 다가온 새 문제에 매달리지 않을 수 없다.

그러나 새 문제를 다루고 있는 동안 미해결인 채로 남겨 놓은 지난 문제가 마음을 찜찜하게 만든다. 그리고 그 찜찜함 때문에 우리의 정신력은 새 문제에 전부 쏟아 부어지지 않는다. 우리는 새 문제를 풀어가는 동안 흘낏흘낏 옛 문제를 돌아보지 않을 수 없으며, 거기에 얼마간의 능력을 낭비함으로써 새 문제에 전력 투구를 하지 못하게 된다.

본래 새로 다가온 문제 B는 우리의 능력으로써 해결하지 못할 정도가 아니었다. 그렇지만 미처 해결하지 못하고 온 문제 A가 우리의 뒤를 잡아당기는 바람에 우리는 만만하게 해결할 수도 있었던 문제 B를 속시원히 해결하지 못하여 애를 태우게 된다.

그런데 삶이라는 '문제 제조기' 는 우리의 사정은 아랑곳하지 않고 자꾸만 새로운 문제를 만들어낸다. 아직 문제 B를 다 풀지 못하고 있는 마당에 문제 C를 만들어내는 것이다. 그리고 머지 않아 문제 D가 다가와 우리의 앞을 가로막는다. 연이어 그 뒤로 다가오는 문제 E, F, G ….

이런 식의 나날이 계속된 끝에 어느 날 우리는 수많은 문제의 숲 속에 파묻혀 있는 자신을 발견하게 된다. 그것이 우리가 살아온 지난날의 모습이며, 우리가 처한 지금의 모습이다.

우리를 둘러싸고 있는 여러 가지 문제들은 지금 다급한 목소리로 자기를 돌아봐 달라고 애원한다. "여기가 막혀 있어요!" "여기를 뚫어주세요!" "날 좀 어떻게 해주세요!" "이 문제를 해결해 주세요!"

그 풍경은 마치 부상병으로 가득 찬 후송병원과 같다. 여기저기서 신음하는 소리와 도움을 요청하는 소리가 들려온다. 상처가 덧난 병사와 당장에 죽어가고 있는 병사들의 다급한 목소리….

그렇지만 환자의 수에 비해 의사와 간호사의 수는 턱없이 부족하다. 다시 말해서 우리는 그것들을 다 해결할 만큼 유능하지 못한 것이다. 그래서 우리는 환자에게 진통제를 놓아주며 참으라고 말해 주는 것이 고작이다.

그러나 진통제의 효과는 길어야 몇 시간일 뿐이다. 그러다 보니 해결되지 못한 문제들이 몰려 있는 우리의 후송병원은 환자들의 신음소리로 가득 차 버린다.

이것이 우리가 직면해 있는 현실의 모습이다.

피해도 보고 참아도 보지만

그러니 이제 어찌할 것인가.

그렇지만 문제의 숲을 빠져나갈 길은 보이지 않는다. 병실에 가득 찬 환자들을 다 치료해 낼 방법이 없는 것이다. 이리저리 허겁지겁 뛰어다니는 것이 방법 아닌 방법이랄까.

그리고 그 허겁지겁 뛰어다니는 일도 10년, 20년 하다 보니 이제는 제법 견딜 만하게 되었다. 처음에는 병원생활이 지겨웠지만 이제는 얼마간 적응이 된 것이다. 이제는 다른 곳에 가서 살라고 하면 그것이 도리어 겁날 것 같은 생각이 들 정도이다.

또 알고 보니 나만 이렇게 사는 것도 아닌 모양이다. 이웃집 김씨도, 건너편 박씨도 그런 식으로 살아가고 있는 것이다. 삶이란 어차피 문제의 연속인 것, 그러므로 문제를 만났을 때 적당히 얼버무리면서 살면 되는 것이지 너무 진지하게 생각할 필요는 없지 않을까 생각되기도 한다.

그래서 한동안 될 대로 되라는 식으로 생활해 본다. "에헤야 데헤야 좋은 것이 좋은 것 아닌가."

그러나…. 그러나 그렇게 생각하고 잊어버리려 해도 정녕 잊어지지 않는 구석이 남는다. 그런 식으로 문제를 잊어버리려 해도 잘 잊어지지가 않는다. 지성 때문이다. 동물이면서도 동물이 아닌, 만물의 영장으로서의 사람이기 때문이다. 사람에게는 지성이 있고, 지성은 이렇게 피해감으로써 문제가 해결될 수 없다는 것은 엄연한 진실을 가리킨다. 아, 만물의 영장이 되는 것의 어려움이여.

그래서 진퇴유곡의 심정에 빠진다. 앞으로 나아갈 수도 없고, 뒤로 돌아설 수도 없게 되어버린 것이다. 우리는 이제 뭐가 뭔지 모르는 삶의 숲, 문제의 숲 속에서 이리저리 헤매는 가엾은 미아 신세로 전락해 버리고 만 것이다.

그런데 죽으라는 법은 없는 것이 인생인 모양이다. 그렇게 헤매고 있는데 여기저기에서 도와주겠다는 사람이 나타난다. 세상에서 현자라고 불리는, 혹은 학자, 선생님, 어른이라고 불리는 그 분들은 말한다. "이렇게 해보시오." "저렇게 해보시는 게 어떻소?" 그래서 우리는 그 분들이 권하는 방법대로 해본다.

어떤 경우 그 분들의 처방으로 문제를 해결하는 데 성공하기도 한다. 그러나 문제들 중 어느 하나의 문제에 대한 답을 주는 현자는 더러 있지만 '문제의 연속 그 자체'에 답을 주는 사람은 없다. 따라서 문제 A 또는 B를 해결하고 난 뒤에 새로 다가오는 문제 C, D, E… 등에 대해서는 그 처방도 별무소용이다.

바꿔 말해서 그분들의 조언은 부분적이고 임시방편적인 응급처방일 뿐 문제를 근치하는 처방은 아니다. 따라서 우리는 문제가 생길 때마다 그에 대한 새로운 처방을 찾아야 하는데 그것이 쉽지 않다. 어떤 경우에는 훌륭한 처방을 만나게 되지만 많은 경우에 처방 찾기에 실패하게 되는 형편인 것이다.

그러다 보니 우리의 마지막 처방은 '참자'는 것으로 귀착되고 만다. 문제는 산더미처럼 쌓여 있는데 그것을 해결할 방법이나 능력은 없다. 그래서 눈물짓고 한숨짓다가 우리가 최후에 선택하는 방법은 우리 자신을 억누르는 것뿐이다.

괴로워도 참자, 아니꼬워도 참자, 서러워도 참자, 슬퍼도 참자.

그렇지만 이렇게 참는 것이 진정한 처방일 수는 없다. 참게 되면 겉으로는 문제가 잠잠해진 것처럼 보이지만 마음 속까지 개운한 것은 아니다. 마음 속의 억눌림, 억울함, 치사함, 슬픔, 답답함 등은 쌓이고 쌓이다 보면 언젠가는 반드시 반란을 일으킨다.

그래서 옆집 개를 걷어차든지, 돌부리를 걷어차든지, 지나가는 사람을 붙들고 멱살잡이라도 하지 않으면 직성이 풀리지 않는다. 그런데 그 멱살잡이가 또 새로운 문제를 일으킨다. 그래서 우리는 마침내 수많은 차들이 뒤엉켜버린 거리풍경과 같은, 그런 기분으로 하루하루를 살아가게 된다.

흘러가는 과거를 좇지 말고, 오지 않은 미래를 기대하지 말라.   —붓다

문제를 뿌리에서 다루자

그렇다면 이처럼 곤란하게 되어버린 우리의 삶을 개선시킬 방법은 없는가.

있다. 명상이 그것이다.

명상을 통한, 그중에서도 위빠사나 명상을 통한 '마음의 웰빙(well-being)이 그것이다.

명상을 통한 마음의 웰빙은 문제의 연속 그 자체를 해결해준다. 그럼으로써 우리의 삶을 소년소녀 시절에 꿈꾸던 그곳으로 이끌어준다. 나아가 명상은 그처럼 우리의 삶을 개선하는 데서 그치지 않고, 문제가 완전히 사라진 경지까지를 제시해주는 매우 체계적인 방법이다.

설마? 하는 의심이 들 것이다. 설마 그런 길이 있을라고?

이런 의심은 일단 당연하다고 할 수 있다. 우리는 그동안 "여기에 길이 있다. 이 길이야말로 문제로 가득 찬 삶에 대한 확실한 해결책이다!"라고 내세우는 수많은 '말씀' 들은 들어 왔으나 결국 그 가르침들이 우리의 기대를 저버렸던 경험을 갖고 있다. 그러니 명상이 내세우는 호언장담에 대해 의심이 갈 수밖에 없다.

　그러나 명상은 그런 가르침들과는 다르다. 적어도 이 책에서 다루고자 하는 위빠사나 명상은 그것들과 구별된다.

　그렇다면 위빠사나 명상은 어떤 점에서 그런 길들과 다른가.

　위빠사나 명상은 여타의 처방에 비해 '문제의 근원'을 문제삼는다. 비유하자면 다른 처방들은 '문제라는 이름의 나무'를 '잎과 가지와 줄기'의 수준에서 다루는 데 비해 위빠사나 명상은 '뿌리' 수준에서 다룬다.

　따라서 위빠사나 명상을 이해하기 위해서는 어느 정도의 지혜가 필요하다. 여기서 말하는 지혜란 우리를 둘러싸고 있는 천도 넘고 만도 넘는 모든 문제가 공통적으로 깔고 앉아 있는 전체적인 기반을 바라볼 수 있을 정도의 지적인 유추력을 뜻한다. 만일 이런 힘이 없다면 그에게 명상의 논리는 매우 우원한, 뜬구름 잡는 소리로 들릴 것이다.

　바꿔 말해서 위빠사나 명상을 이해하고 닦아 나가기 위해서는 문제를 응급 수준인 잎과 가지와 줄기의 수준에서가 아니라, 근치 수준인 뿌리에서 생각하고 다룰 수 있어야 한다. 이 말은 문제를 부분적으로가 아니라 전체적으로 다룰 수 있어야 한다는 것을 의미하는 것이기도 하다.

　"일리가 있다"는 말이 있다. 이때 '리(理)'는 이치·원리·법칙을 뜻하는 말이므로 일리가 있다는 말은 "적어도 이치에 맞는 점이 하나는 있다"는 뜻이 된다. 그런데 이치는 하나만 있는 것이 아니므로 일리만 있는 처방으로는 모든 문제를 다 해결할 수 없다.

그런 점에서 삶에 대한 비명상적인 처방들에 일리가 없다는 뜻은 아니다. 그런 처방들에는 나름대로 이치에 맞는 점이 있다. 그러나 그 이치는 나뭇잎 하나하나, 또는 가지 하나하나에 맞을 뿐 나무 전체에 맞지는 않는다. 다시 말해서 일리가 있는 처방이라는 말은 구 리, 또는 구십구 리를 결한 처방이라는 뜻도 되는 것이다.

문제를 뿌리로부터 다룰 때만이 문제의 연속이 해소될 수 있다. 문제의 뿌리에서 해결 방법이 나온다면 그 해결 방법은 지엽말단적인 것이 아닌, 근원적인 것이 될 것이다. 따라서 그런 방법만이 십 리, 백리 또는 전리(全理)를 갖춘, 문제의 연속인 삶에 대한 가장 근본적인 처방이 될 수 있는데, 위빠사나 명상이 바로 그것이다.

자, 그러면 편안하고 느긋한 마음으로 마음을 다스리는 명상법을 향해 차근차근 나아가 보자.

두 사람이 있으면 여섯 사람이 있다

이제 끈기와 여유를 가지고 먼저 명상을 이론적으로 이해하는 단계로부터 출발해 보자.

명상에 대해 제대로 이해하려면, 바꿔 말해서 삶을 지엽말단에서가 아니라 뿌리에서 이해하려면 제일 먼저 선입견과 편견부터 없애야 한다. 왜냐하면 선입견과 편견이야말로 우리의 이해를 뿌리가 아닌 지엽말단에 옭아매기 때문이다.

문제의 연속 자체를 해결하려면 사물을 선입견이나 편견으로 '덧칠'을 하지 말아야 한다. 그럼으로써 삶을 있는 그대로의 '알몸'으로 볼 수 있어야 한다. 그렇다면 무엇이 덧칠이고 무엇이 있는 그대로의 알몸인가.

그것을 이해하기 위해서 'A와 B 두 사람이 있으면 실제로는 여섯 사람이 있게 되는 이치'부터 생각해 보자.

1. A 자체가 있다(A).
2. B 자체가 있다(B).
3. A가 본 A가 있다(A´).

4. B가 본 B가 있다(B′).

5. A가 본 B가 있다(B″).

6. B가 본 A가 있다(A″).

여기서 1과 2만이 진실이고(알몸), 나머지 넷은 진실이 아니다(덧칠). 물론 그것이 진실이 아니라고는 해도 어느 정도는 진실을 포함하고 있는 것도 사실이다. 예컨대 그것은 색안경을 끼고 본 남들이요 자기 자신이다. 또한 근시·원시·난시·색맹의 눈으로 본 남들이요 자기 자신인 것이다.

비록 색안경을 끼었거나 눈에 결함이 있는 사람일지라도 A를 A라고 볼지언정 B나 C라고 보지는 않을 것이다. 그런 점에서는 그의 봄도 상당 부분 옳다. 그러나 그가 본 A는 실제의 A와는 달리 초록색으로 덧칠된 A이거나, 실제보다 더 크거나 작게 본, 굴절되었거나 변색되어 본 A, 즉 A′ 또는 A″이다.

그같은 잘못 봄은 그가 지니고 있는 기존의 감정과 생각에서 비롯된다. 예컨대 A가 전에 그에게 화를 크게 냈다면 그는 A를 '기분 나빴던 기억이라는 색안경'을 끼고 보게 됨으로써 실제의 A를 있는 그대로 보지 못한다. 마찬가지 이치로 A가 전에 그에게 좋은 선물을 주었다면 그는 A를 '기분 좋았던 기억이라는 근시·난시·원시·색맹'인 눈으로 보게 되는 것이다.

그러므로 상대방을 잘못 보는 것에는 다음 두 종류가 있음을 알 수 있다.

첫째, 상대방을 나쁜 쪽으로 본다.

둘째, 상대방을 좋은 쪽으로 본다.

이상 두 잘못 봄은 모두 편차와 오류를 포함하고 있다. 그같은 잘못된 봄을 자료로 삼아 판단과 결정을 내릴 경우 판단·결정이 잘못될 것임은 물론이다. 이미 판단의 자료 자체가 잘못된 것일진대 그것을 바탕으로 내린 결론이 잘못될 것임은 재삼 설명할 필요조차 없다.

그런 식으로 자료의 오류는 판단의 오류를 낳는다. 대개의 사람들은 이런 식으로 결론을 얻은 다음 그것을 바탕으로 행동한다. 그럼으로써 행동 또한 잘못될 것임은 물론이다. 즉 판단의 오류는 행동의 오류를 낳고, 그로부터 문제들이 생겨나는 것이다.

자료의 오류 + 판단의 오류 + 행동의 오류 = 문제의 발생

그 뒤 그의 잘못된 행동은 역시 잘못 봄과 판단을 근거로 행동하는 상대방에게 전달된다. 그러면 상대방 또한 잘못 봄과 잘못된 판단을 거쳐 잘못된 행동으로 대응해 온다.

그리고 상대방의 그같은 잘못된 행동이 나에게 기분 좋게 다가오면 즐거워하고, 기분 나쁘게 다가오면 화를 낸다. 그리고 기분 좋음과 기분 나쁨이라는 감정은 위의 마음에 또 하나의 색안경을 만들어 끼운다.

이런 식으로 사람이 끼고 있는 색안경의 수는 매우 많다. 그것은 그가 알고 있는 사람 수 만큼 많으며, 잘 살펴보면 그보다도 더 많다. 한

사람을 대상으로도 여러 개의 색안경을 끼게 되기 때문이다. 어디 그 뿐이랴. 사람 아닌 것에 대한 색안경의 수는 또 얼마나 많은가.

그러므로 여기에 4천만 명이 살고 있는 나라가 있다면 실제로는 그보다 수십, 수백 배의 사람이 살고 있는 셈이다.

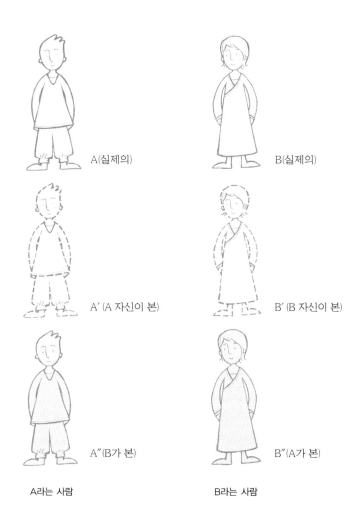

A(실제의)   B(실제의)

A′(A 자신이 본)   B′(B 자신이 본)

A″(B가 본)   B″(A가 본)

A라는 사람   B라는 사람

잘못 봄이 문제를 만든다

그러므로 우리는 상대방과 자신을 선입견과 편견 없이 있는 그대로의 모습으로 보아야 한다. 그래야만 올바른 판단을 할 수 있고, 판단이 올바르게 될 때만이 올바른 행동을 할 수 있기 때문이다. 그리고 올바른 행동을 함으로써 문제를 줄이거나 없앨 수 있다.

그렇게 되면 세상은 매우 단순하고 분명하게 보인다. 왜냐하면 거의 모든 문제들은 실제상의 A나 B가 아니라 A가 본 B나 B가 본 A, A가 본 A나 B가 본 B에 근거하여 일어나기 때문이다.

잘 알고 보면 우리를 괴롭히고 있는 문제들은 거의가 다 원인무효적인 것이다. 즉, 우리는 문제 아닌 것을 문제라고 착각하고 있는 것이요, 문제될 것이 없는데도 스스로 문제를 만들고 있는 경우가 매우 많다.

예를 들어 보자. A, B, C는 친구 사이이다. 그런데 어느 날 B가 A를 찾아와 다음과 같이 말했다고 하자. "C 그 친구가 'A는 너무 인정머리가 없어' 라고 말하더군."

그래서 A에게는 기분이 나쁜 문제 하나가 생겨난다. C가 자기를 비난했다는 이야기를 듣고서야 어찌 기분이 나쁘지 않을 수 있겠는가. 그러나 그렇지 않다. A가 기분이 나빴던 그의 인식에 잘못 봄(잘못 들음)이 끼어 들었기 때문이다. 그런데도 A는 그 사실을 모르고서, 그 잘못 봄을 자료로 삼아 화를 낸 것일 뿐이라는 말이다.

여기서 A의 입장을 독자 여러분 자신으로 바꿔 보자. 독자 여러분은 여러분이 알고 있는 친구가 자신을 비난했다는 말을 '전해 들었을' 경우 화가 나는가, 나지 않는가?

당연히 화가 난다고? 화가 나지 않는 것이 도리어 이상하지 않느냐고? 그런 사람이 있다면 그는 사람이 아니라 목석일 거라고?

만일 여러분이 그렇게 생각한다면 여러분은 아직까지 사물을 잘못보고 있는 것이다.

왜 그런가.

첫째, 그가 지금 들은 이야기는 어디까지나 'B가 전한 C의 말' 일 뿐이다. 따라서 실제로 C가 그런 말을 했는지, 아니면 B가 A와 C 사이를 이간하려고 그런 말을 했는지, 또는 다른 착오가 있었는지는 아직 분명하지 않다. 따라서 아직까지 'C가 나를 너무 인정머리 없다고 말했다는 사실' 은 판단할 필요가 없는 정보(자료)이다. 그런데도 그는 B의 말을 액면 그대로 믿고서 기분이 상했던 것이다.

이 경우에도, A는 나중에 B가 전한 C의 말이 진실이 아니라는 것을 알게 되었다. 이런 경우가 매우 많다. 이렇게 되면 A는 실제로는 있지도 않았던 C를 상대로 화를 낸 셈이 된다. 그러나 실제상의 C는 기분 나쁜 C가 아니라 기분이 나쁘지도 좋지도 않은 그냥 C였을 뿐이다.

따라서 A는 있지도 않은 '허깨비 C'에게 화를 낸 셈이 되지만, 그때 가서 후회한다고 해도 기분이 나빴던 지난날의 손실은 보상되지 않는다. 다시 말해서 그는 지혜가 있었더라면 보지 않아도 좋았을 감정적인 손해를 보고 말았다는 말이다.

그래서 A는 그 화를 B에게 퍼붓는다. 그리고 그것은 매우 당연한 행동이다. 그러나 그 또한 상식적으로만 당연할 뿐, 사물을 있는 그대로 볼 줄 아는 사람에게는 당연하지 않다. 잘 살펴보면 A가 감정적인 손해를 본 것은 그가 'C 자체'를 보지 못하고 'B가 전한 C의 말'을 곧이곧대로 믿었던, 다시 말해서 '자기 나름대로 본 C'를 진실이라고 잘못 안 데서 비롯된 것이다. 따라서 그의 손해의 책임은 B와 A 모두에게 있다.

B : C의 말을 잘못 전한 책임
A : B의 말을 잘못 들은 책임

많은 사람들은 이 두 책임 가운데 B의 책임이 더 크다고 생각한다. 그리면서 A의 책임에 대해서도 거의 유념하지 않으며, 또 그것이 객관적으로는 옳다.

그렇지만 그런 관점만 고집할 경우 그는 문제의 지엽말단은 처리할 수 있지만 근본은 해결할 수 없다. 왜냐하면 문제를 발생시키는 제2의 B, 제3의 B들이 줄지어 다가오게 마련인 것이 인생이기 때문이다.

따라서 문제의 근본을 해결하려면 A는 A 자신의 책임에 유념해야 한다. 우리는 그 점을 깊이 깨달아 모든 봄(들음)을 '사실 자체'와 '어떤 사람에 의해 가공된(덧칠된) 사실', 즉 아직은 확인되지 않은, 따라서 판단할 필요도, 화를 내거나 기뻐할 필요도 없는 정보를 구별할 줄 알아야 한다. 이렇게 될 때만이 줄지어 다가오는 제2의 B, 제3의 B…를, 한꺼번에 해결할 수 있다.

바꿔 말해서 A가 자신의 감정적 손해의 원인을 B에게 추궁하지 않고 자기 자신의 지혜없음에서 찾는 것은 그가 겸손하고 후덕한 사람이라서라기보다는, 그렇게 해야만 문제의 연속을 근원적으로 없앨 수 있다는 것을 깨달았기 때문이다.

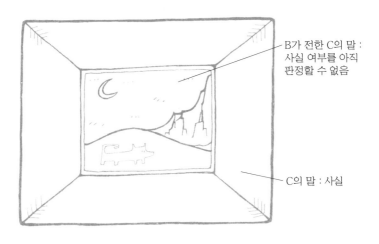

B가 전한 C의 말 :
사실 여부를 아직
판정할 수 없음

C의 말 : 사실

정보를 액자에 넣어 이해하기

이렇듯 A는 B를 원망하기보다는 있는 그대로의 C를 보지 못했던 자기의 무지했던 잘못 봄을 꾸짖어야 한다. 그럼으로써 그는 다음부터라도 제2의 C, 제3의 C의 본 모습에 가까운 정보에 접근하게 될 것이고, 그에 따라 그의 판단과 행동 또한 오류가 적어질 것이다.

그렇지만 대개의 사람들이 A와 같은 경우에 처하면 상했던 기분을 쉽게 회복하지 못한다. 지금 내가 말한 이치를 잘 아는 사람조차도 실제로 이 문제에 부딪히면 그때부터는 C를 전처럼 중립적인 시각으로 보지 못하는 경우가 많다.

이 점을 악용한 것이 흑색선전이다. 흑색선전은, 나중에 그 선전 내용이 사실이 아닌 것으로 밝혀진 뒤까지도, 웬지 그 사람에게 의심이 쏠리게 만드는 '뒷힘'을 갖고 있다.

후진적인 정치를 하는 국가에서는 정권유지에 방해가 되는 인사를 이 방법으로 옭아넣는 예가 흔하다. 근거가 없음에도 불구하고, 또는 미미한 근거에 의거하여 그를 간첩혐의로 연행하여 조사하기 시작한다. 당연하게도 신문과 방송에서는 사건을 크게 보도한다. 그러고는 얼마 뒤에 무혐의 처리하여 풀어주지만 이런 문제를 철저하게 생각할 겨를이 없는 국민들로서는 그에게 일말의 불순한 사상이 있을 거라는 의심을 갖게 된다.

그러므로 우리는 어떤 정보를 접할 때 내가 색안경을 끼고 그것을 보고 있는 것은 아닌지 살펴야 한다. 앞의 예로 돌아가 말한다면, A는 선입견과 편견 없이 C를 보아야 하는 것이다. 그리고 잘못 봄의 색안경 벗기는 작업은 C뿐만이 아니라 다른 모든 사람과 사물에까지 확장

되어야 한다.

"세상 모든 사람이 칭찬해도 잘 살펴보아야 한다. 세상 모든 사람이 비난해도 다시 잘 살펴보아야 한다"고 공자는 말했다. 정말 그렇다. "그의 말만 듣고 사람까지 믿지 않는다. 그의 사람됨이 나쁘다고 하여 그가 한 옳은 말까지 버리지 않는다"고 공자는 말했다. 정말 그래야 한다. "잘못을 나에게 찾아라. 화살이 적중하지 않는 것은 나 때문이지 과녁 때문이 아니다"라고 또한 공자는 말했다. 다시 한 번 정말 그렇다.

많은 사람이 허깨비와 다툰다

지금까지는 C가 실제로는 A를 비난하지 않았을 경우지만, A가 확인해보니 실제로 C가 A를 비난했다면 어떨까. 그 경우는 다음 두 가지로 분류할 수 있을 것이다.

1. C가 A를 있는 그대로 보고 그랬을 경우
2. C가 A를 잘못 보고 그랬을 경우

이 중 1의 경우라면 그 비판을 인정하는 도리밖에는 다른 길이 있을 수 없다. C의 비판을 겸허하게 수용하여 자기를 고쳐 나가야 하는 것이다. 지금으로서는 그 말이 뼈아프더라도 그렇게 수용해야만 나중에 일어날 문제를 줄일 수 있다.

공자의 제자인 자로는 남이 자기 잘못을 지적하면 수레에서 내려와 절을 하였다고 한다. "몰라서 못 고칠 뿐이다. 내 잘못을 가르쳐주기만 해다오. 나는 즉각 고칠 것이다." 자로는 이런 자세를 갖고 있었던 것이다.

그런데 공자는 거기에서 더 나아갔다. 어느 때 공자는 진사패라는 사람으로부터 호된 비판을 받았다. 그때 제자로부터 그의 비판을 전해들은 공자는 말하였다. "나는 행운아로구나. 잘못을 저지르면 누군가가 반드시 일러 주니까!"

자기의 잘못을 지적당하고나서 그것을 행복으로 여기는 사람. 그러기에 공자는 진실한 학인(學人)이었고, 그 때문에 마침내 성인이 되었던 것이다.

이렇게 볼 때 자기의 잘못을 지적당했을 때의 사람들의 대응법은 네 가지로 갈린다는 것을 알 수 있다.

1. 화(짜증)를 내며 거부한다 : 보통 사람(85%)
2. 힘들긴 하지만 받아들인다. 그러나 고치지는 않는다 : 지식인 (10%)
3. 고맙게 받아들인다. 고치려고 노력한다 : 현자(대략 5%)
4. 행복하게 여긴다. 즉각 고친다. 아니, 이미 고쳐졌다 : 성인 (0.0001%)

우리는 이상의 네 가지 길 중에 가장 바람직한 4는 택하지 못하더라도 3을 택해야 하고, 최소한 2의 선만은 유지해야 한다. 바꿔 말해서 정직은, 특히 자기 잘못에 대한 정직은 자기 향상의 기초이다. 아니, 그것은 기초이면서 동시에 전부라고 해야 할 것이다. 끊임없이 자기 잘못을 돌아보는 노력, 자기의 선입견과 색안경을 꾸준히 발견해 나

1. 화(짜증)을 내며 거부한다(85%)

2. 힘들긴 하지만 받아들인다(10%)

3. 고맙게 받아들인다(대략 5%)

4. 행복하게 여긴다(0.0001%)

잘못을 지적당했을 때 사람들의 대응법

가는 작업, 그 작업에서 성공하는 그만큼 우리의 지혜는 자라나고, 삶은 풍요로워지며, 자유는 넓어질 것이다.

그렇다면 ②의 경우, 즉 C가 A를 잘못 보고 비난했다는 것을 알게 되었을 경우는 어떤가. 그 경우에는 그 말에 반응하지 않음으로써 초연하게 해결해야 한다. 바꿔 말하면 A는 '있는 그대로의 A 자신(A)'

에 머물러 있어야 하는 것이다.

그런 A의 눈으로 볼 때, 지금 C는 실재하지도 않은 적을 대상으로 공격을 하고 있는 셈이다. 실제의 A는 나쁘지 않은데도 그는 나쁘다고 보고 말하고 있기 때문이다. 그러므로 C는 A가 아닌 A의 허깨비(A″)와 싸우는 사람이라고 해야 한다.

그러므로 A는 그를 상대할 필요가 없다. 자기는 A이지 A″가 아니기 때문이다. 이 둘은 얼핏 닮아 있지만 실은 전혀 별개의 것이다. 그것은 마치 어떤 사람과 그의 사진처럼 다른 것이다.

따라서 A는 C의 어리석음을 보면서 슬픔과 연민을 느낀다. C는 일종의 정신병자라고 말할 수 있기 때문이다. 정신병자가 허공을 보면서 있지도 않은 귀신이 있다고 두려워하면서 그 허깨비 귀신과 사투를 벌이듯이, 지금 C는 자기 쪽을 보면서 '실제의 자기(A)'가 아닌, 그의 선입견과 색안경이 그려낸 '허깨비 자기(A″)'에게 비난을 퍼붓고 있기 때문이다.

따라서 A는 C가 본 A(A″)가 아니라 A 자체로 담담히 있으면 될 뿐이다. 실제로 A가 나쁜 사람이 아니라면 C가 나쁘다고 말한다고 해서 나빠지는 것이 아니다. 그러므로 A는 실제로 나쁜 사람이 아닌 A 자체로서 초연함을 유지하면 된다는 말이다.

사정은 C가 A를 좋은 사람이라고 칭찬하는 경우에도 마찬가지다. 이 경우에도 두 종류가 있는데, 첫째는 상대방이 자기를 있는 그대로 보고 칭찬하는 경우이고, 둘째는 상대방이 자기를 잘못 보고 칭찬하는 경우가 될 것이다.

이때에도 첫째 경우에는 담담히 그것을 인정하면 된다. 너무 겸손할 것도 없고, 그렇다고 교만할 정도로 자랑스러워할 필요도 없다. 그리고 둘째 경우라면 자기를 비난하는 경우와 마찬가지로 그가 본 나라는 허깨비(A″)에 속아서는 안 된다.

그 경우에도 상대방은 일종의 정신병자이다. 그는 허공에 천사가 있다고 생각하여 행복하게 웃고 있는 것과 비슷한 정신병자인 것이다. 따라서 현자는 그런 사람에게도 슬픔과 연민을 느낀다.

그리고 만일 그들이 자기의 본뜻을 이해할 수 있다고 생각되면 이상 필자가 설명한 이치를 말해 줄 것이다. "당신이 보고 있는 것은 진실한 내가 아니라 당신이 본 나에 불과하오"라고 말해 주게 되는 것이다.

어쨌거나 세상의 모든 문제들이 이처럼 마음의 색안경, 마음의 얽힘, 마음의 굴절, 마음의 장난, 마음의 날뜀, 마음의 마술, 마음의 미침(狂), 마음의 놀음, 마음의 잘못 봄에서 생겨난다. 그같은 현상을 냉정하게 볼 줄 아는 것이 지혜인데, 그같은 지혜를 얻는다면 그는 그때부터 A뿐 아니라 B와 C, 나아가 세상 모든 사람들과 모든 사물들까지도 있는 그내로 보기에 이를 것이다.

그리고 그같은 올바른 봄을 통해 그는 매 경우마다 올바른 판단을 하게 되고, 그 올바른 판단에 의해 올바른 행동을 하게 되며, 올바른 행동에 의해 행복에 가까워지게 되는 것이다.

그때 그의 마음은 마치 '거울'과도 같다. 거울은 사물을 잊는 그대로만 비칠 뿐 굴절하지 않는다. 맑음. 깨끗함. 있는 그대로. 불가에서는 이같은 명징(明澄)한 사물인식을 여여(如如)라고도 하고, 여시(如是)라고도 한다. 공(空)이라고 하기도 한다.

대나무 그림자가 뜰을 쓸어도 먼지가 일어나지 않는다.
(竹影掃階塵不動)

맑고 깨끗한 사물의 인식, 선입견과 편견을 버린 순수한 인식의 세계는 이 시에 나오는 것과 같은 지극한 평화의 경지를 제공한다.

마슬로우의 욕구 5단계설

이제까지 우리는 명상법을 이해하기 위한 기초를 다졌다. 그러니 여기까지는 서론이라고 할 수 있다. 이제는 명상법 자체 안으로 들어가 보자.

필자가 마음 다스리기의 방법으로 제안할 위빠사나 명상법은 본래 붓다에 의해 창시된 것이다. 그런데 붓다는, 보통 사람들이 알고 있는 것과 같은 종교가라기보다 심리학자라고 불러야 할 스승이다. 물론 그분에게는 위대한 종교가로서의 면모가 있지만, 그와 함께 위대한 심리학자로서의 면모도 있다는 말이다.

붓다는 자신의 가르침을 법(法, 다르마), 즉 법칙이라고 불렀다. 그런데 법칙이라는 말은 교조(教條)·신념·믿음이라는 말과 대립한다. 바꿔 말해서 붓다는 자신의 가르침을 권위에 의해 선포하고서 무조건 믿으라고 한 것이 아니다(교조). 붓다는 합리적이고 보편적인 원리를 제시한 다음 이해하고 깨달으라고 하였던 것이다(법칙).

우리는 3×3의 답이 9라는 것을 알고 있다. 우리는 그것을 '믿는' (교조) 것이 아니라 '안다'(법칙)는 말이다. 우리는 이같은 앎을 지식이라고 하고, 그 지식의 대상이 법칙이다.

법칙에는 물리적인 것도 있고, 인간에 관한 것도 있다. 전자가 자연과학적 지식이고, 후자는 인문학적인 지식인데, 붓다가 제시하는 앎은 후자에 속한다.

그리고 역사가 진행되면서 붓다가 전공(?)했던 심리, 즉 마음의 법칙에 관한 연구는 놀랄 만큼 진보되었다. 따라서 우리는 붓다의 인문·심리학적 법칙과 그로부터 도출된 위빠사나 명상법을 이해하기 전에 심리학자들에 의해 제시된 지식들을 살펴 볼 필요가 있다.

심리학 하면 우리에게 가장 먼저 떠오르는 사람이 프로이트다. 그런데 근래 들어 프로이트의 학설은 큰 도전을 받고 있다. 프로이트 심리학의 한계는 그의 사후 일군의 심리학자들에 의해서 제기되었다. 예컨대 마슬로우(A. Maslow)는 인간 심리의 완전한 성숙을 목표로 삼고, 인간이 지닌 잠재력이 얼마나 될까에 집중적인 관심을 쏟은 심리학자로서 프로이트를 비판하였다.

마슬로우의 심리학적 입장은 붓다가 위빠사나 명상을 통해 제시하는 목표와 유사한 데가 있다. 따라서 우리는 이미 세계적으로 널리 인정받고 있는 마슬로우의 학설을 살펴본 다음 붓다의 견해를 이해해 보기로 하자.

마슬로우는 프로이트를 중심으로 심리학자들이 인간의 마음을 연구함에 있어서 신경증적이고 심하게 상처받은 인간들만을 대상으로 한다는 사실을 비판했다. 그럴 경우 우리는 인간의 병든 면을 알 수는 있겠지만, 인간의 위대한 가능성의 측면을 알지는 못할 것이라는 것이 그의 주장이었다.

만약 인간이 얼마나 빨리 달릴 수 있는가를 연구하려 한다면 발목이 성하지 못한 사람이나 보통의 속도로밖에 달리지 못하는 사람을 대상으로 연구해서는 안 된다고 그는 말했다. 올림픽 우승자들처럼 달리는 데 있어서 최고의 수준에 이른 사람을 대상으로 연구할 때만이 그 문제에 대한 올바른 해답이 얻어진다는 것이 그의 생각이었다.

그래서 그는 심리적으로 건강하다고 여겨지는 49명을 면밀하게 검토하였다. 거기에는 그의 주변에서 살아가던 사람들도 있었고, 역사적인 인물들도 있었다. 그중 역사적인 인물은 제퍼슨, 링컨, 아인슈타인, 루즈벨트, 괴테, 카잘스, 키츠, 스티븐슨, 브라우닝, 부버 등이었다.

프로이트가 인간의 아래쪽을 보며 연구하였다면 마슬로우는 인간의 위쪽을 보며 연구하였다고 말할 수 있다. 그렇게 심리적으로 건강했던 사람들을 꼼꼼히 연구한 끝에 그는, 인간에게는 이상적인 실존에 도달할 수 있는 능력이 갖추어져 있으며, 또 그러고자 하는 본래적인 성향이 있다는 결론에 도달하였다.

그 경향은 최고의 목표인 '자아실현' 쪽으로 움직인다. 인간은 보다 질 높은 심리상태 쪽으로 향상하고자 하는 동기를 갖고 있으며, 자아실현을 이루기까지는 모두 네 차례의 심리적인 차원을 거치게 된다. 이것이 널리 알려진 마슬로우의 욕구 5단계설이다.

마슬로우에 따르면 1차 욕구가 충족되어야만 2차 욕구로 나아갈 수 있고, 그 다음 욕구 또한 전 단계의 욕구가 충족될 때만이 추구될 수 있다. 그리고 그 맨 끝이 다섯 번째 욕구인 자아실현의 욕구로서, 이 욕구가 달성될 때 인간을 가장 건강하고 바람직하며 이상적인 심리 상태를 성취하게 된다.

다섯 단계의 욕구는 다음과 같다.

1단계, 신체적인 욕구

2단계, 안전의 욕구

3단계, 소속감과 사랑의 욕구

4단계, 자존감의 욕구

5단계, 자아실현의 욕구

이들 욕구 가운데 낮은 욕구들이 높은 욕구들보다 강하고, 낮은 단계의 욕구가 충분하게 만족되었을 때만이 다음 단계의 욕구가 일어난다. 적어도 부분적이나마 낮은 단계의 욕구가 충족되어야만 마지막 욕구인 자아실현의 욕구가 일어날 수 있다는 것이 마슬로우의 견해이다.

다섯 욕구 가운데 가장 낮으면서 가장 강한 신체적인 욕구는 음식, 물, 공기, 수면, 성(性) 등과 같이 생존을 위해 필수 불가결한 것을 요구하는 욕구이다. 만일 이 욕구가 해결되지 못하여 굶주림에 시달린다든가, 목이 탄다든가, 숨을 쉴 수 없다든가, 오랫동안 잠을 자지 못하면 그는 다음 단계의 욕구로 나아갈 수 없다.

첫 번째 욕구가 해결되면 두 번째 욕구인 안전의 욕구가 일어난다.

이 욕구는 편안함, 보호, 질서 등 안전을 요구하는, 불안과 공포로부터의 해방을 추구하는 심리를 가리킨다. 이것은 불확실한 것을 확실하게 하려는 욕구로서 은행 저축금을 늘리거나 보험에 가입하는 것, 직업을 갖는 것 등이 이 욕구에 의해 행해진다.

이 욕구가 충족되면 세 번째 욕구인 소속감과 사랑의 욕구가 일어난다. 이때 우리는 어떤 단체에 가입하고, 그 단체의 이념이나 가치에 동조하며, 특정한 사람과 가까이 지내거나 아껴주는 관계를 맺는다. 이 욕구에 의해 집단활동이 생겨나는데 이것은 외로움과 소외감에서 벗어나려는 동기에서 생겨난다.

만일 어떤 사람이 이 욕구까지 다 충족했을 경우 네 번째 욕구인 자존감의 욕구가 일어난다. 마슬로우는 자존감의 욕구를 둘로 나누었다. 첫째는 다른 사람이 자기를 가치 있다고 평가해 주는 데서 생기는 자존감이고, 둘째는 스스로 자기를 높게 생각하는 자존감이다.

이중 앞의 것은 명성, 존경, 지위, 평판, 위신, 성공 등에 기초하여 생겨난다. 이 때문에 사람들은 자신이 귀중하게 보이도록 멋진 옷을 입는다든가, 좋은 학벌을 얻으려고 한다든가, 부자 동네에 가서 산다든가, 좋은 차를 탄다든가, 상을 받으려고 한다.

자존감을 느낄 때 우리는 자신감과 안정감을 얻는다. 그리고 이를 얻지 못하면 열등감에 사로잡혀 용기를 잃거나 생에 대한 낭패감과 실망감에 시달리게 된다. 자존감을 얻으려면 자기의 장점과 약점을 객관적으로 알아야만 한다. 그리고 자기가 누구이며, 무엇을 위해 살아가는지를 분명하게 자각하고 살아가지 않으면 안 된다.

만일 우리가 이상 네 욕구를 충족하였다면 이제 우리는 최고 수준의 욕구, 즉 자아실현의 욕구(need for self-actualization)로 향하게 된다. 여기서 자아실현이란 자기가 계발할 수 있는 최대한의 능력을 계발하여 사용하고 발휘하는 것을 말한다.

그리고 그 욕구가 충족되면 욕구는 그친다. 여기에 이르러 욕구의 향상은 끝난다. 그는 이제 무엇이 부족해서 살아가는 것이 아니다. 그동안 그는 무엇을 위해서, 그것을 얻고 성취하기 위한 수단으로서 삶을 살아왔다. 그러나 이제 그는 무엇을 위해서도 아니고, 무엇을 얻기 위해서도 아니며, 수단으로서도 아닌 독특한 삶을 살아간다.

바꿔 말하면 그는 이제 목적지에 도착한 것이다. 따라서 그는 이제 성숙해 가는 것이 아니라 다만 존재한다. 그는 자발적이고 자연스럽고 완전하게 자기가 인간임을 인간적으로 기쁘게 표현한다.

하위의 욕구, 상위의 욕구

이상 마슬로우의 욕구 5단계설을 살펴보았는데, 그가 제시하는 자아실현자야말로 우리가 바라 마지않는 차원에 도달할 사람이라 하겠다. 그리고 그 사람이야말로 인류의 현자들이 우리에게 그렇게 되라고 한결같이 가르쳤던 바로 그 사람이기도 하다.

우리 주변에는 그에 근접한 사람들이 더러 있으며, 그들은 많은 사람들로부터 존경과 흠모를 받는다. 그러면서도 그들 자신은 자기가 존경받고 있다는 사실을 크게 의식하지 않으며, 행동과 태도는 매우 자연스럽다. 따라서 그들과 함께 있는 동안 주변사람들은 편안함을 느낀다.

그러면서도 '세상 모든 사람들' 이 다 그들을 존경하고 흠모하는 것은 아니다. 사람들 중에는 그들을 오해하여 비난하는 사람들도 더러 있다는 말이다. 그런데 그들을 오해하는 사람들은 대개 마슬로우가 나누었던 바 하위 욕구에 시달리고 있는 사람들이다.

사람의 마음은 내면적으로 행복을 누린 만큼 남에게 너그러워지도록 되어 있다. 따라서 유년시절에 유복하게 자란 사람이 박복하게 자란 사람보다 너그러운 성품을 갖게 마련이다. 이 점은 그가 후에 어떤 방향으로 얼마나 자기를 바꾸기 위해 노력했느냐에 따라 달라질 수 있거니와, 그 점을 논외로 한다면 박복하게 자란 사람은 남(또는 자기 자신에게조차도)들에게 너그럽지 못한 법이다.

그런데 유복이라든가 박복이라는 것을 마슬로우적으로 바꿔 말한다면 하위 욕구의 충족에 급급하면서 자랐는가, 하위 욕구 충족에 어려움을 겪지 않으며 자랐는가 하는 문제가 된다. 다시 말해서 그가 유년시절에 신체적인 욕구(1단계)나 안전의 욕구(2단계)에 급급하였다면 박복하게 자란 것이요, 그런 문제에 큰 걱정을 한 적이 없었다면 유복하게 자란 것이다. 나아가 사랑과 소속감에 대한 욕구(3단계)와 자존감(4단계)의 욕구까지 충족하였다면 더욱 유복하게 자란 사람이라 하겠다.

하위 욕구에 급급했던 사람, 바꿔 말하여 '받지 못하고' 자란 사람일수록 자기와 남에게 너그럽지 못하다. 따라서 그들은 남을 칭찬하기 어렵다. 자기가 보다 상위 욕구 단계에 있으면 있을수록 남들에 대해서도 너그럽게 그들의 장점을 인정하거나 칭찬할 수 있는 법인데, 그들은 하위 욕구 단계에 머물러 있기 때문이다.

따라서 그들은 자아실현자의 훌륭함을 인정하려 하지 않는 경향이 있다. 그러나 그들보다는 상위 욕구 단계에 있는 사람들이라면(3, 4단계) 자아실현자(5단계)가 보여주는 삶의 모습이 바람직하다는 점을 인정하지 않을 수 없을 것이다.

사람은 순간마다 다섯 단계의 욕구 중 하나를 추구한다. 아무리 자아실현자라 하더라도 첫 번째 단계의 욕구를 추구하여야 하는 때가 있다는 말이다. 자아실현자 또한 먹어야 하고 잠을 자야 하는 것이다. 그렇지만 전체적으로 보면 그에게 있어 하위 단계 욕구는 별로 중요하지 않으며 그의 욕구의 중심은 상위 욕구 쪽에 옮겨가 있다.

다시 말해서 사람은 저마다 나름대로 중심이 실려 있는 욕구의 차원이 있다. 그 중심욕구의 차원이 바로 지금 우리의 심리적 차원이다. 그리고 우리는 그 차원 만큼밖에 행복과 기쁨을 누리지 못한다. 따라서 우리는 먼저 우리 자신이 지금 어느 단계의 욕구를 추구하고 있는지를 생각해 보아야 한다.

그래서 하위 욕구에 시달리고 있으면 그 욕구를 빨리 충족하고 그 다음 상위 욕구 쪽으로 향상해 올라가야 한다. 그리고 우리의 배우자나 자녀, 부모, 이웃 등에 대해서도 그들의 욕구 단계가 보다 상위 쪽으로 향상하도록 도와줄 필요가 있다.

그래야만 그들 또한 보다 행복해질 것이요, 그들은 행복을 누림으로써 너그러워질 것이며, 그 너그러움은 나에게도 향해질 것이다. 따라서 남들을 상위 욕구 단계로 향상하도록 도와주는 일은 나의 이익이나 향상과도 합치한다.

또한 그런 식으로 남을 돕는 것이야말로 사회를 맑히는 진정한 방법이기도 하다. 사회는 사회 전체를 대상으로 맑힐 수 있는 것이 아니라 구성원 하나하나의 심리상태가 보다 높은 욕구 쪽으로 향상됨으로써 맑아지는 것이다.

만일 자아실현자(또는 보다 상위 욕구에 도달한 사람)가 사회나 국가의 지도자가 된다면 그 사회와 국가는 더욱 바람직한 사회, 국가가 될 것이다. 실로 얼마나 많은 지도자들이 자기의 하위 욕구를 충족하기 위해 남들을 희생하였던가. 그리하여 사회 구성원과 국민들을 하위 욕구 단계에서 허덕이도록 만들었던가.

그러나 자아실현자로서의 지도자는 그런 폐해로부터 벗어난, 상호 이익이 합치하는 놀라운 지도력을 보여줄 것이다. 그 점은 마슬로우가 자아실현자의 예로 들었던 링컨이라든가 루즈벨트 등을 생각해 보면 잘 이해되는 문제이다. 그들은 하위 욕구를 초월한 이들이었기 때문에 사물의 진실을 꿰뚫어 보는 눈을 갖고 있었고, 결과적으로 많은 사람들의 이익과 행복을 증진시킬 수 있었던 지도자였다.

사회적 인격도 성숙해간다

욕구의 차원은 개인뿐 아니라 사회 또는 국가 단위에서도 생각해볼 수 있다. 물론 사회는 수많은 사람들이 모여 이루어진 것이므로 그중에는 하위 욕구에서 시달리는 사람과 상위 욕구에 도달할 사람이 섞여 있게 마련이지만, 그 사회 대다수 구성원들이 가장 중요하게 생각하고 있는 공분모로서의 욕구를 말할 수 없는 것은 아니다.

그 점에서 볼 때 우리나라의 1950년대는 신체적인 욕구의 단계였다고 말할 수 있을 것이다(1단계). 그때 우리나라 사람들은 우선 살아야만 하였다. 한국전쟁에 의해 생존이 위협받았으며, 먹을 것 또한 매우 부족했던 것이다. 따라서 50년대의 우리나라 사람들에게는 배부르게 먹는 것, 따뜻하게 입는 것이 가장 우선하는 삶의 목표였다.

그에 비해 1960~70년대는 안전하고자 하는 욕구의 시대였다(2단계). 여기서 안전이란 신체적인 욕구를 2차적으로 보호하는 것을 의미한다고 볼 수 있다. 쉽게 말해서 물질(재산) 욕구가 이를 대표한다.

강에 빠진 사람은 생존이 다급하기 때문에 살려달라고 외친다. 그러나 그가 강을 빠져 나와 살았다는 것이 확인되면 그의 마음은 떠내

려간 보따리를 아쉬워하게 된다. 이 경우 살아나고자 하는 욕구는 신체적인 욕구이고, 살아난 다음 보따리를 생각하는 것은 안전의 욕구이다.

생존에 대한 욕구가 해결되고 나면 사람은 이왕 확보한 생존을 보다 확실하게 다져줄 방법을 생각한다. 그 방법으로 가장 먼저 떠오르는 것이 재화이다. 재화는 인간의 신체를 보호하는 울타리가 되기 때문이다. 이 욕구가 사회를 이끌었던 시대가 1960~70년대, 즉 산업개발 시대였던 것이다.

개인의 경우라면 평생을 두고 이 욕구에 시달리면서 살아가는 사람이 매우 많다. 그러나 그런 개인도 때때로는 이 욕구를 잊고 다음의 상위 욕구로 나아갈 때가 있다. 그런가 하면 이 욕구를 완전히 초월하고서 다음 욕구로 향상해 간 사람도 있다.

그리하여 소속감과 사랑의 욕구의 시대가 펼쳐진다(3단계). 그가 이 욕구를 갖게 된 것은 외로움 때문이다. 그는 비록 많은 재산을 갖게 되었지만 그것만으로 외로움을 달랠 수는 없다. 어느 정도까지는 물질이 외로움을 완화시켜 주긴 한다. 그러나 그러면서도 마음 밑바닥에는 알 수 없는 허전함과 그리움, 인간과의 정서적인 나눔을 통해서만 해소되는 외로움이 어른거리는 것이다.

인간 개인으로 보면 대개 40대 후반쯤 되면서 이런 현상이 두드러진다. 왜냐하면 20~30대에 재화만을 추구하여 어느 정도 안정감을 얻고 나자 문득 사람이 그리워지는 것이다. 그래서 자기가 살아온 과정에 대해 회의를 일으키기도 하고, 인간에게는 재화(돈)만이 전부가 아니라는 점을 확인하기도 한다.

그래서 40대 이상이 되어야 동창회와 친목회가 활성화된다. 동창회라든가 친목회라는 것은 소속감과 사랑의 욕구와 관련되어 있는 것이기 때문이다. 20~30대의 동창회, 친목회는 구성원의 참석률이 매우 저조하다. 그러다가 40대 이상이 되면서 참석자 수는 증가하는데, 이것은 그들이 이제 두 번째 단계의 욕구로부터 세 번째 단계의 욕구로 이월하고 있음을 말해 주는 것이다.

이 세 번째 단계 욕구의 다른 측면은 문화를 향수하고자 하는 마음이다. 쉽게 말해 그것은 정서적인 안정, 정서적인 충족, 정서적인 누림을 추구하는 욕구이다. 친구를 사귀고, 취미생활을 하고, 사랑을 하고, 예절을 지키고, 예술을 즐기는 등이 모두 이 욕구와 관련된 것들이다.

이런 것을 총칭하는 말이 다름아닌 문화 그것이거니와, 문화는 두 번째 욕구인 안전에 대한 욕구가 충족될 때라야 향수된다. 역사적으로 보더라도 문화는 경제적인 안정이 이루어진 시대에 가장 찬란하게 꽃피었었다. 고대 그리스와 로마가 그랬고, 중국의 당대(唐代)가 그랬으며, 우리의 통일신라시대 또한 그랬었다.

그리고 그런 흐름은 1980~90년대를 거친 21세기에 이르러 웰빙 열풍과 더불어 현저하게 나타나고 있는 것으로 보인다(3단계). 아직도 많은 사람들은 첫 번째와 두 번째 욕구에 시달리고 있기는 하지만, 문화는 이제 일반인들에게까지도 관심을 끄는 명제가 되었다는 말이다.

이제 우리는 다만 먹는 것이 아니라 잘 먹는 것을, 다만 입는 것이 아니라 잘 입는 것을 추구한다. 또한 자기만의 취미와 개성을 추구하는 경향도 활발하다. 그래서 취미의 종류, 도락의 종류, 모임의 종류, 문화 향수의 종류 또한 매우 다양해졌다.

그런데 상위 욕구로 올라갈수록 그 추구자의 수는 줄어든다. 상위 욕구를 추구하는 사람은 하위 욕구를 추구하는 사람보다 적게 마련인 것이다. 따라서 아무리 우리 사회가 3단계 욕구를 추구하는 시대가 되었다 하더라도 많은 사람들은 아직도 2단계, 또는 1단계 욕구에 중심을 두고 살아가고 있음 또한 엄연한 사실이다.

그리고 소수의 사람만이 4단계 욕구인 자존감의 욕구를 추구한다. 여기서부터는 사회 전체, 국가 전체가 함께 추구하기 어려운 단계이다. 역사적으로 볼 때 사회 구성원의 대다수가 3단계 욕구를 추구했던 경우는 더러 있었지만 4단계 욕구를 추구했던 경우는 한번도 없었다.

따라서 4단계 욕구부터는 개인, 혹은 소수 집단 단위로서만 추구된다. 4단계 욕구인 자존감의 욕구란 다른 말로 하면 신사도의 욕구라고 말할 수 있다. 남들에게 내가 가치 있는 사람, 고상한 사람으로 보이고 싶어하는 욕구가 그것이다.

그래서 그는 남들의 이익을 위해 일한다. 남을 돕는 일에 나서고, 사회문제에 관심을 가지며, 공동선을 선도한다. 그는 자신의 이익을 줄이면서까지 남들의 이익을 늘리려는 매우 고상한 욕구를 일으킨 것이다.

의존적인 욕구, 자족적인 욕구

　그런데 거기서 끝나지 않는 것이 인간의 욕구요, 심리적인 향상의 길이다. 그가 4단계 욕구에 따라 많은 좋은 일을 하고, 많은 사람들로부터 자기의 존재 가치를 인정받는다고 하더라도 마음 밑바닥에는 일말의 개운치 않은 무엇이 남아 있다. 그것은 매우 섬세하고 정직하며 고도로 지혜로운 사람만이 발견하게 되는 답답함과 찜찜함이다.

　그는 많은 사람의 박수를 받고 사회적인 존경을 받으며 자기 자신이 가치 있는 사람임을 믿어 의심치 않지만, 그러면서도 자기가 완전 무결한 행복에 도달한 사람이라고 자신하지는 못한다. 그리하여 박수의 소나기가 끝나고 집에 돌아와 자기 방에 홀로 앉아 마음을 들여다보면 거기서 만나는 것은 불안, 답답함, 정체 모를 흔들림과 어두움이다. 그것은 딱이 뭐라 말하기 어려운, 존재 일반이 숙명적으로 짐지고 태어난 어떤 것이다.

　그때 그는 무언가 자기의 삶이 잘못되어 있다는 생각을 하게 된다. 형태도 없고, 모양도 없으며, 막연하여 잡을 수도 없고, 손쉽게 다룰 수도 없는 그 무엇이 그를 괴롭힌다.

다른 사람들, 즉 그보다 하위 욕구 단계에 있는 사람들은 그의 괴로움을 이해하지 못한다. 그들은 아직 자신의 마음 밑바닥을 들여다 보지 못했기 때문이다. 그들이 그럴 수 있을 만큼 마음이 맑지 못하고, 그들의 인식은 그럴 수 있을 만큼 지혜롭지 못하며, 그들의 정직성 또한 그럴 수 있을 만큼 준엄하지 못하다.

그들이 어찌 '대나무 그림자가 빗질을 하더라도 먼지가 안 나는 뜰'의 경지를 알겠는가. 어쨌거나 5단계에 이른 사람들의 번민은 매우 고차원적인 것으로서 일반인의 번민과는 종류가 다른 것이다. 이 번민을 해결코자 하는 욕구가 자아실현의 욕구이다. 그러니까 마슬로우는 그같은 까닭 모를 번민의 정체를 자아가 본래적으로 갖고 태어난 능력을 충분히 발휘하지 못하는 데서 생긴 것으로 본 셈이다. 자아실현이라는 말 자체가 자기가 지닌 최대한의 능력 계발이요, 최대한의 능력 사용이며, 잠재능력과 소질의 충분한 발휘라는 뜻이기 때문이다.

자아실현의 욕구를 일으킨 사람은 지금까지와는 다른 의미에서 활동한다. 그는 이제 '욕구 때문에 활동'하는 것이 아니라 '능력이 있으므로 활동'한다. 이것은 욕구의 피동자로서가 아니라 능동자로서 살아감을 의미한다. 또한 그것은 활동 자체가 목적이요, 그 결과는 개의치 않는다는 말이기도 하다. 여기에는 지금까지 그를 움직여온 욕구와는 아주 다른 의미가 숨어 있다.

이전의 욕구는 어떤 목적에 종속된 수단으로서의 욕구였다. 그는 배가 고팠기 때문에 먹고 싶었고, 먹음으로써 배가 불러지는 목적을

날로 새롭게, 또 다시 날로 새롭게.
―《대학(大學)》

달성하였다. 먹는 욕구는 배부르고자 하는 목적에 종속된 수단이었다. 따라서 그것은 자발적이거나 창조적인 것이 아니라, 피동적으로 이끌려간 것이었다.

그가 제4단계 욕구에 의해 에베레스트 산을 정복한다고 해보자. 그때 그를 산에 오르게 한 힘은 최초로 에베레스트에 올랐다는 자랑스러운 명예를 차지하기 위해서이다. 다시 말해 산을 오르는 것은 수단이요, 목적은 명예인 것이다.

그러나 자아실현을 추구하는 사람이 에베레스트 산에 오르면 이야기가 달라진다. 겉으로 볼 때는 그가 앞의 경쟁자와 다름없이 에베레스트를 오르는 듯이 보이지만 그는 명예가 아니라 오르는 것 자체가 목적이다. 그는 자기에게 산에 오를 수 있는 능력이 있기에 '다만' 산에 오르며, 그같은 능력 발산 자체가 그의 목적인 것이다.

따라서 그는 등정에 실패한다 해도 실망하지 않는다. 능력을 발휘하는 것이 목적이기 때문에 성공하느냐 실패하느냐 하는 것은 문제가 되지 않는 것이다. 또, 같은 이치에서 등정에 성공하여 영광의 박수 속에 묻힌다 하더라도 그것 또한 대수롭지 않게 여긴다. 이 또한 자기의 능력 발휘에 따른 부산물일 뿐임을 잘 알기 때문이다.

그리하여 신문기자들이 그에게 "왜 평생을 두고 산에 오르시오?"라고 물으면 그는 대답한다. "산이 거기 있기 때문이라오." 그리고 어쩌면 이렇게 덧붙일지도 모른다. "또한 내게 오를 능력이 있으니까요."

제4단계 욕구까지는 목적은 미래에 있고, 수단은 현재에 있었다. 그러나 이제는 목적이 현재에 있고, 그것으로 그만이다. 따라서 그는 항상 목적에 닿아 있다. 그의 모든 행위는 수단이 아니라 목적이므로 그의 행위가 남들에게 심오하게 느껴질 것은 당연하다.

또, 제4단계 욕구까지는 목적이 남에게 있었는데(밖), 이제는 목적이 자기에게 있다는 차이가 있다(안). 명예를 위해 산에 올랐다면 그것은 목적을 남들 쪽에 두고 추구한 것이다. 명예는 남들이 알아주는 것에 의존하는 가치이기 때문이다. 그에 비해 능력이 있기 때문에 산에 올랐다면 그것은 목적이 자기에게 있는 것이다. 그것은 남들이 알아주느냐 알아주지 않느냐와 관련이 없는 가치이기 때문이다.

남들(세상)과의 의존관계에서 가치와 행복이 생겨나느냐, 자기 내부에서 가치와 행복이 생겨나느냐 하는 것이 앞의 네 가지 욕구들과 자아실현의 욕구 간의 큰 차이점이다.

전자를 통해 아무리 큰 가치와 행복이 생겨나더라도 그것은 타인(세상) 의존적인 것이다. 그리고 타인(세상)은 변하게 마련이어서, 어떤 영광, 어떤 가치도 영원할 수 없다. 그에 비해 자기자족적인 가치와 행복은 언제 어디서나 누릴 수 있다. 따라서 마슬로우는 자아실현자의 특성으로 계속적인 신선한 감상력이라든가, 신비로운 절정 경험 따위를 들었다.

바꿔 말해서 제5단계 욕구의 추구자는 그날 그날이 새롭다. 매순간 매순간이 새롭다. 그는 날마다 다시 살아나고, 매순간 다시 깨어난다. 그래서 그는 삶의 신선한 느낌을 항상 유지한다. 작은 풀잎을 보고도, 작은 돌맹이 하나를 보고도 그는 감동할 줄 안다.

그리고 그 감동은 신비로운 빛, 아름다운 소리에 감싸인다. 그리하

여 그는 평범한 일상생활 속에서도 종교적인 체험을 할 수 있다. 그의
삶은 그렇듯 신선하고, 신비하고, 감동적인 것이다.

붓다의 특별한 심리 탐구

이상 설명한 자아실현의 완성은 붓다가 위빠사나 명상법을 통해 제시한 경지와 매우 유사하다. 좀더 깊이 들여다 보면 마슬로우와 붓다 사이에는 차이가 있다. 그것은 '객관적 연구자(마슬로우)' 와 '주관적 수행자(붓다)' 의 차이에서 생겨난 것이다.

잘 알려져 있듯이 학자들의 연구는 객관성이 뚜렷할수록 더 인정을 받는다. 따라서 학자들은 자기의 학문적 성과를 인정받으려고 조사를 하고, 데이터를 축적한 다음 그것을 분석한다. 예컨대 마슬로우는 49명의 사람들을 대상으로 조사, 연구하여 5단계설을 창안하였다.

그에 비해 수행자는 주관적 수행에 몰두한다. 그는 남을 조사하지 않고 자기를 비추어 본다. 이 차이, '조사' 와 '비추어 봄' 의 차이는 매우 크다.

얼핏 생각하기에는 남들을 대상으로 '연구' 하는 것이 자기를 대상으로 '수행' 하는 것보다 객관적이어서 진실에 더 가까이 다가갈 수 있는 듯이 보인다. 그래서 학문 연구자들은 언제나 객관적인 연구 자료를 만들어내고, 그 자료에 의해 학문의 법칙성(합당성)을 인정받는다.

만일 어떤 심리학자가 "내가 제시하는 학설은 남들을 대상으로 한 객관적인 근거 자료가 없다. 이것은 다만 나 스스로 내 마음을 관조함으로써 얻어낸 것이다"라고 말한다면, 다른 학자들은 모두 껄껄 웃고 말 것이다. 그러면 그 학설은 학문으로서의 가장 기초적인 요구에도 부합하지 못한, 어디까지나 '저 혼자 생각'에 불과한 이론이라고 치부되는 것이다.

그리고 사실이 그렇기도 하다. 생각해 보면 주관적인 '저 혼자 생각'이라는 것은 다름 아닌 '저 혼자만의 선입견과 편견'이라는 뜻이고, 그것의 문제점에 대해서는 이미 누누이 말한 바 있다. 이 점과 관련하여, 비록 그가 매우 뛰어난 심리학자라고 할지라도 완전하게 선입견과 편견으로부터 자유로울 수는 없다. 따라서 심리학자는 반드시 객관적인 접근을 통해 진심을 추구해야 한다.

그러나 여기 백만 명, 1억 명, 아니 백 억, 천 억 명 중의 한 사람에 해당되는 뛰어난 인물이 있다고 하자. 선입견과 편견으로부터 '완전히' 자유로운, 자기 자신의 잘못에 대해서 조금의 용서도 없는, 비유컨데 5천만 와트의 서치라이트로 자신의 심리를 비추어 밝혀내는 엄정하고 순정한 지성이 있다고 하자.

그 경우라면 접근보다는 오히려 주관적 접근이 진실을 더 잘 밝혀낼 수 있다. 왜냐하면 마음이라는 것은 남의 것을 보기보다는 자기 것을 보기가 훨씬 쉽고 분명하기 때문이다.

일반적인 관점에서 본다면 붓다의 '주관적인 수행'으로부터 도출된 법칙은 '붓다의 자기 생각'에 불과할 뿐 보편타당한 법칙성을 인정키 어렵다고 할 수 있다. 그렇지만 연구해야 할 분야가 자연과학이 아니라 심리과학일 경우 객관적인 자료에 의지하여야만 가장 잘 밝혀지는 것이 아니다. 심리학자 자신의 마음이 이미 ' '와 ' '라는 선입견과 색안경에 물들어 있게 마련이라면 그가 어떻게 남들을 '객관적인' 조사, 연구를 할 수 있겠는가. 남들의 마음은 어디까지나 남들의 마음이거늘 어찌 그것을 정확하게 볼 수 있겠는가. 나아가 마음이라는 것이 잠시도 쉬지 않고 움직이는 것이라면 어떻게 그것을 따라가면서 볼 수 있겠는가. 피조사자가 앙케이트에 답한 내용이 어디까지 진실인지를 무슨 수로 알아낼 수 있겠는가.

이런 난점은 마슬로우 또한 해결한 것 같지 않다. 그는 링컨 등을 대상으로 연구하였다 하였는데, 그가 링컨 자신이 아니었음은 물론이고, 링컨을 본 일조차 없었다. 따라서 그가 본 링컨은 어디까지나 문서 등을 통해 본 링컨, 다시 말해서 링컨″에 불과하였다.

실로 링컨과 링컨″ 사이에는 얼마나 먼 거리가 있는 것일까. 그 점은 우리 또한 누구나 느끼면서 살고 있기도 한데, 예컨대 20년 간이나 살을 맞대고 살아온 배우자에게서 전에 보지 못했던 모습을 볼 때도 있는 것이다. 그러니 하물며 시대가 다르고, 차원이 다른 사람에 대해서는 더 말할 필요가 없다.

이중 차원의 문제도 심각하다. 다시 말해서 링컨과 같은 차원에 이른 사람만이 링컨의 심리를 진실에 근접하여 연구할 수 있다. 링컨보다 차원이 낮고 보면 아무리 우수한 심리학자라 할지라도 오류를 범하게 마련인 것이다. 따라서 다른 학문은 몰라도 심리 성장에 관한 학문만은 심리가 최고도로 성장한 사람에게서만 가장 훌륭한 학설을 기대할 수 있는 점이 있다.

자연과학이라면 그 점을 걱정할 필요가 없다. 인격적으로 비루한 사람이라 할지라도 얼마든지 탁월한 자연과학자가 될 수 있는 것이다. 알려진 바에 따르면 뉴턴 같은 대과학자도 경쟁 관계에 있었던 과학자에게 큰 질투심을 느꼈으며, 명예욕 또한 적지 않았다고 한다. 심지어 그는 경쟁 관계에 있는 과학자를 짓밟는 데서 일생일대의 쾌락을 느꼈다고 고백할 정도였다는 것이다.

물론 그것은 뉴턴의 진실한 모습이 아닐 수 있고, 어쩌면 뉴턴이 그런 사람이었다는 견해는 알려진 뉴턴, 또는 필자가 아는 뉴턴(뉴턴″)에 지나지 않을지도 모른다. 그 점은 충분히 조심하고 인정한다 하더라도, 탁월한 과학자가 되기 위해서 반드시 자아실현의 차원에 이르러 있어야 할 필요가 없다는 점만은 분명한 일이다.

그렇지만 심리에 관한 학문을 대성하려면 그 자신 심리의 차원이 고도로 높아져 있어야만 한다. 그 까닭은 그래야만 색안경을 벗을 수 있기 때문이요, 자신은 물론 남들과 사물을 굴절시키지 않고 있는 그대로 볼 수 있기 때문이다.

또한 그렇게 되어야만 통찰력이 깊어지는 점도 간과할 수 없다. 마치 생물학자가 현미경으로 세균을 관찰하듯이, 마음의 법칙을 연구하는 학자 또한 마음을 관찰하여야 한다. 그런데 생물학자는 현미경이라는 외부 기기(機器)의 도움을 받을 수 있으나 심리학자는 외부 기기의 도움을 전혀 받을 수 없다. 그에게는 자기 스스로의 눈(통찰력, 지혜)이 그의 현미경인 것이다.

그 때문에라도 심리학자는 마음이 거울처럼 맑아져 있어야만 한다. 이때 맑은 마음은 두 가지 면에서 생각해 볼 수 있다. 첫째는 마음에 욕심이 적은 맑음, 즉 정서적인 순수의 측면이고, 둘째는 마음이 밝아져 있는 맑음, 즉 지성적인 통찰력의 측면이다.

이 두 맑음을 갖춘 사람만이 진정한 성장 심리학자로서의 자격이 있다(마슬로우 등이 제창한 심리학을 성장심리학, 또는 인본주의 심리학이라고 한다). 그리고 그런 자격 있는 심리학자는 남들이 아니라 우선 자기 자신의 마음부터 보아야 한다. 그리하여 자기의 심리를 있는 그대로, 굴절시키지 않고, 직접, 정확하게, 움직여가는 과정을 따라잡으면서 관찰해야만 한다.

그리고 그런 자격이 있었고, 그렇게 하였던 사람으로서 붓다 같은 이는 역사상 없었다. 만일 이 점이 인정된다면 붓다는 역사상 가장 위대한 심리학자였다고 단언해도 좋을 것이다. 붓다는 우리가 경청할 만한, 마음의 행복과 평화에 관한 가르침을 남긴 가장 위대한 심리학자이다.

이같은 붓다의 심리학적 탐구 성격은 다음과 같이 정리할 수 있겠다.

첫째, 붓다는 인간 심리를 가장 높은 차원까지 향상시켜야 하고, 향상시킬 수 있다고 보았다. 그 점에 있어서 붓다보다 더 높게 인간을 신뢰하였고, 인간의 가치를 존중한 이는 없었다.

둘째, 붓다는 인간 심리의 완전한 성숙에 도달하기 위해 있는 그대로의 진실(법칙) 아닌 그 어떤 것(‘”’ 와 ‘”’)도 개입시키려 하지 않았다. 이 점에서 붓다는 일종의 과학도였다(태도). 또, 이 점에서 붓다의 가르침은 과학(법칙의 진리)이 크게 발달한 현대에 와서 도리어 빛나게 되었다.

셋째, 앞의 두 항목만 놓고 볼 때 붓다의 스승으로서의 성격은 마슬로우 등과 유사하다고 할 수 있다. 그런데 붓다는 마슬로우 등과 달리 자기 자신을 대상으로 심리를 관찰, 탐구하였다. 그럼으로써 보다 생생한 현장에서, 보다 살아 숨쉬는 생수(生水)·원수(原水)로서의 심리 법칙을 깨달을 수 있었다(진실).

넷째, 붓다는 심리 법칙을 깨달음에 있어서 마슬로우 등처럼 단지 이상적(理想的)인 심리가 이렇다는 데서 멈추지 않고, 그 이상에 도달하지 못하는 까닭과, 거기에 도달하려면 어떻게 해야 하는지까지를 밝힐 수 있었다(수행법).

다섯째, 붓다는 그 법칙에 따라 자기 자신 이상적인 인격을 달성하였고, 그것을 널리 보여주었다. 그리하여 일체의 문제들로부터 초연한, 항상 행복과 자비가 넘치는 삶을 살았다(증명).

여섯째, 남들에게도 자신이 깨달은 법을 보여주어 그들 또한 자신처럼 되게 하거나, 자신의 차원에 가까이 올 수 있도록 하였다(교육).

일곱째, 붓다가 깨달아 제시한 법칙은 일단 붓다 자신의 심리 법칙으로부터 출발된 것이지만, 인간 심리의 기반과 공분모에 도달한 것이었다. 이 때문에 여섯째의 결과가 가능한 것이다. 그런데, 붓다의 법이 가진 이 같은 보편성은 인간을 넘어서 모든 사물에까지도 확장

된다고 보았다(진리).

　이로써 붓다의 법은 '사물 → 인간 → 자신'의 순서가 아니라 '자신 → 인간 → 사물'의 순서로 탐구되었음을 알 수 있다. 그리고 그런 과정을 거쳐 붓다는 인간뿐 아니라 우주 전체의 바탕을 밝힌, 가장 위대한 진리의 스승으로 우리 앞에 서게 되었다.

누구나 행복하기를 원한다

　이제 붓다가 밝혀낸 심리의 법칙을 이해할 차례이다. 왜 이것을 이해해야 하느냐 하면 명상을 통한 행복과 평화는 일정한 법칙 아래 이루어지기 때문이다. 따라서 명상법을 이해한다는 것은 곧 명상의 법칙, 마음의 법칙, 행복의 법칙을 이해한다는 말이 된다.

　먼저 우리는 삶이 괴로움으로부터 벗어나 즐거움을 얻고자 하는 동기에 의해서만 진행된다는 점을 확인하자. 이 법칙을 이고득락(離苦得樂)이라 하는데, 이것이야말로 인간을 지배하는 법칙의 제1조에 해당된다. 나아가 이 법칙은 동물이든 식물이든 간에 모든 생명 가진 것들을 모두 지배한다.

　사람이든 동물이든 곤충이든 두려움을 느끼면 도망치거나 움츠러들고, 즐겁고 유쾌한 것이 기대되면 그것을 얻으려는 쪽으로 움직이게 마련이다. 또한 식물들까지도 제가 좋아하는 습기진 쪽으로 뿌리를 뻗쳐나가고, 제가 즐기는 햇빛이 비치는 쪽으로 가지와 덩굴을 뻗쳐나간다. 이로써 모든 생명체가 이고득락이라는 법칙 아래서, 단지 그 하나의 동기에 의해서 움직인다는 것을 확인하기는 어렵지 않다.

이에 대해 어떤 사람은 반문할 것이다. "우리는 때때로 스스로 괴로움을 선택하거나, 즐거움을 저버리기도 한다. 따라서 이고득락의 법칙이 생명 일반을 지배한다는 말은 옳지 않다."

그러나 그 경우에도 이고득락의 법칙을 벗어난 것이 아니다. 예컨대 어떤 사람이 자살을 할 경우, 그는 스스로 괴로움을 선택하는 것이므로 이고득락을 추구하지 않은 것처럼 보일 수도 있다. 그러나 그는 사는 쪽이 죽는 쪽보다 더 괴로워서 자살을 한 것이요, 덜 괴로운 것은 더 괴로운 것에 비해 즐거운 것이라 말할 수 있으므로 그가 이고득락을 벗어나 행동한 것은 아니다.

이번에는 어떤 사람이 노벨상 수상을 거부하였다고 해보자. 이 경우에도 그는 즐거움을 스스로 거부하였으므로 이고득락을 벗어나 행동한 것처럼 보일 것이다. 그러나 그에게는 보통사람들이 즐겁다고 여기는 노벨상 수상이 괴롭게 여겨졌을 것이다. 예컨대 상을 받음으로써 세상 사람들이 그를 번거롭게 할 것이 염려되었던 것이다. 그런 식으로 그 또한 상을 받는 번거로움보다는 덜 괴로울 것이 예상되는 수상 거부를 택한 것으로서, 이 또한 그가 이고득락의 추구를 그친 것이 아니다.

어쩌면 그는 수상을 거부하면 세계 최고의 명예조차도 초개와 같이 여긴다 하여 세상사람들이 더욱 더 자신을 존경할 것이라고 예상하였는지도 모른다. 그리고 그 경우에도 어김없이 그는 이고득락을 추구한 것이다. 그는 수상이라는 작은 즐거움을 버린 대신 존경이라는 더 큰 즐거움을 기대하고 있기 때문이다.

이로써 확인되는 것은 우리의 모든 행위가 이고득락이라는 단 하나의 동기를 가질 뿐이라는 점이다. 스스로 고통을 선택할 때에도 그 고통이 즐거운 결과를 낳을 것이라 기대하기 때문이며, 스스로 즐거움을 저버릴 때에도 그 저버림이 더 큰 즐거움을 가져다주리라 기대하거나, 즐거움에 탐닉함으로써 새로운 고통이나 더 큰 고통을 당할까 두려워해서인 것이다.

심지어 이고득락의 법칙은 눈을 한 번 깜박이는 데서까지도 작용한다. 우리는 왜 눈을 깜박이는 것일까. 그것은 단지 하나의 동기, 즉 눈을 오래 뜨고 있으면 눈이 괴롭기 때문에 그것을 벗어나고자 하는 까닭이 있을 뿐이다.

그뿐이 아니다. 오래 앉아 있게 될 때 우리는 왜 몸을 움직이는 것일까. 그 경우에도 어김없이 이고득락을 추구하게 마련인 생명체의 일반적인 경향이 작용하고 있다. 즉, 같은 자세로 오래 있으면 몸이 괴롭기 때문에 그런 상황을 벗어나기 위해서 몸을 움직이는 것이다.

나아가, 무심코 옆과 뒤를 돌아보거나, 잠을 자면서 몸을 이리저리 뒤척이는 그 행위 하나하나까지도 의식적이든 무의식적이든 간에 이고득락을 추구하지 않는 것이 없다. 따라서 삶은 곧 이고득락의 연속적인 추구에 다름아니다.

105%의 노력

　이 이고득락의 추구는 눈을 깜박이는 따위의 매우 짧거나 작은 단위로도 추구되지만 보다 긴 단위로도 추구된다. 우리에게는 순간 단위, 한 시간 단위, 하루 단위, 한 달 단위, 1년 단위, 10년 단위의 목표가 있다. 나아가 평생 단위의 목표가 있는데, 이 모든 목표들이 이고득락을 추구하는 것이라는 말이다.

　그런데, 보통사람은 눈앞에 닥친 이고득락의 목표에만 급급하고, 지혜로운 사람일수록 긴 단위의 목표까지를 생각하며 행동한다. 이 것이야말로 '문제의 나무'를 놓고 잎과 가지 차원에서 해결해 나가느냐, 또는 줄기와 뿌리 차원에서 해결해 나가느냐 하는 것을 구별해 주는 기준이 된다.

　그리고 긴 단위의 이고득락에 중심을 두어 보다 짧은 단위의 이고득락을 거기에 종속시키느냐 그 반대냐에 따라 보통사람과 지혜로운 사람이 구분된다. 이 경우 당연하게도 긴 단위의 이고득락에 중심을 두는 사람이 지혜로운 사람이고, 짧은 단위의 이고득락에 급급한 사람은 보통의 사람이다.

지혜로운 사람이 긴 단위의 이고득락에 중심을 둔다 하여 그가 짧은 단위의 이고득락을 무시한다는 뜻은 아니다. 지혜로운 사람은 이 둘을 잘 조화시킨다. 그것은 마치 가계를 꾸려나가는 현명한 주부의 경우와 같다.

　여기에 한 주부가 있어, 한 달 수입 백만 원으로 가계를 꾸린다고 해보자. 만일 그 주부가 지혜롭지 못하다면 그녀는 그 돈을 한 달 내에 다 써버림으로써 미래에 대비하지 않을 것이다. 심지어는 빚까지 얻어쓰는 지경에 이른 주부까지도 상상해 볼 수 있다.

　이런 주부는 눈앞의 이고득락에 급급하여 미래를 대비하지 못하는 사람이요, 짧은 단위의 이고득락만을 추구할 뿐 긴 단위의 이고득락은 추구하지 않는 사람이다. 즉 그녀는 현명치 못한 사람이라는 말이다.

　그에 비해 현명한 주부는 미래에 대비하는 저금을 불입하게 되는데, 그렇다고 해서 백만 원 전부를 미래에 투자할 수는 없을 것이다. 따라서 그녀는 생활비와 저금을 적절한 비율로 배분하게 된다. 말하자면 그녀는 눈앞의 이고득락(생활비)과 함께 미래의 이고득락(저금)까지 함께 생각하는 것이다.

　그리하여 어떤 주부는 7 대 3의 비율로, 또 어떤 주부는 8 대 2의 비율로 전자와 후자를 조정할 것이다. 예컨대, 그녀는 우선 급한 짧은 단위의 이고득락에 70만 원 정도를 쓰고, 20만 원은 5년 후에 찾을 수 있는 적금에 불입한다. 그리고 5만 원 정도는 20년 후에 찾아 노후에 쓸 수 있는 적금에 불입하고, 나머지는 비상금으로 적립하거나, 이웃

돕기 성금으로 내게 되는 것이다.

　이 현명한 주부와 같이 지혜로운 사람은 급한 이고득락에 충실하면서도 수십 년 단위, 또는 인생 전체 단위의 이고득락 또한 포기하지 않는다. 그럼으로써 현실과 이상을 잘 조화시켜 나가는 것이다.

　그런데 현실인 짧은 단위의 이고득락과 이상인 긴 단위의 이고득락 사이의 비율 조정에 있어서, 자기가 처해 있는 것보다 한쪽에 과도하게 치우칠 경우 그 결과는 바람직하지 않을 수밖에 없다.

　예를 들어 어떤 사람의 현재 조건이 7 대 3 정도의 비율로 현실과 이상을 조화시켜야 하는 정도임에도 불구하고, 10 대 0의 비율로 삶을 꾸려나간다면 그에게는 미래의 희망이 없을 것이다. 그와 마찬가지로 지나치게 이상에 치우쳐 5 대 5 정도로 노력할 경우에도 지나친 2만큼의 무리가 부담으로 작용하게 되는 것이다.

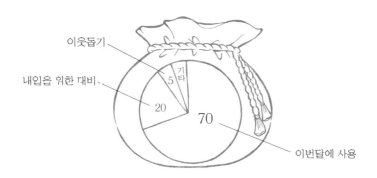

현명한 주부의 포트폴리오(총 100만 원 중)

적당한 포트폴리오

따라서 우리는 우리에게 알맞은 비율로 현실과 이상을 조화시킴으로써 튼튼한 현실을 바탕으로 이상을 추구하여야 한다. 그리고 그 비율은 저마다 다르며, 같은 사람일지라도 상황마다 다르다. 이 사람은 8 대 2 정도가 적당한 데 비해 저 사람은 7 대 3 정도가 적당하다. 또한 7 대 3 정도가 적당한 사람일지라도, 아침에는 그 정도가 적당하지만 저녁에는 9 대 1 정도가 적당해질 수도 있다.

그런데 그 적당한 정도가 어느 정도인지를 판단하는 것은 쉽지 않다. 따라서 이를 판단하는 기준이 필요해지는데, 필자가 제시하는 기준은 '약간 힘드는 정도'가 적당하다는 것이다.

본래 적당한 정도란 힘들지도 않고, 힘들지 않지도 않은 정도를 뜻한다. 그렇지만 사람은 우선 급한 쪽에 마음이 더 쏠릴지언정 아직은 오지 않은 미래를 대비하는 데 마음이 더 쏠리지는 않는다. 따라서 이것을 적당한 정도로 볼 경우 급한 쪽인 현실의 비율을 더 중시하기 쉽다. 따라서 약간 힘드는 정도가 실제로는 적당한 정도가 되는 것이다.

약간 힘드는 정도를 판단하는 것은 어렵지 않다. "힘껏 노력하라. 그러나 짜증날 정도로 노력하지는 말라"는 말에 따르면 된다. 즉, 적당한 정도의 기준은 짜증이 날 정도인가 아닌가에 달려 있다.

노력하지 않는 것은 현실과 이상을 9 대 1의 비율로 삶을 사는 것이어서 미래에 별 희망이 없게 마련이다. 그러므로 노력하면 할수록 더 현명한 사람이요, 더 바람직한 사람이다.

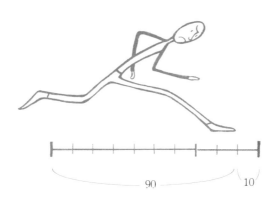

게으른 포트폴리오(20을 낭비)

그러나 아무리 노력이 중요하다고 해도 꼭 필요한 생활비까지 쓰지 않고 저축을 하려 한다면 그는 현재 누릴 수 있는 즐거움을 너무 많이 포기함으로써 마음에 짜증이 쌓이게 마련이다. 즉, 그는 현실과 이상의 비율을 7 대 3으로 배분하여 노력해야 할 조건에 있으면서도 5 대 5로 배분하여 노력한 것이요, 이에 따라 2만큼의 짜증과 고통이 마음 안에 쌓인다는 말이다.

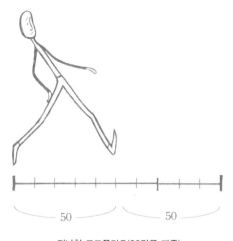

지나친 포트폴리오(20만큼 짜증)

마음 안에 한 번 쌓인 짜증과 고통은 그냥은 없어지지 않는다. 그것은 반드시 보상을 요구하고, 보상이 있은 다음에야 없어진다. 짜증이 생기면 화를 내어 돌부리라도 걷어차든지, 부지깽이라도 부러뜨리든지, 지나가는 사람에게 눈이라도 흘기든지, 엉뚱한 사람에게 욕설이라도 퍼부어야만 사라지는 것이다.

이 점은 그 짜증이 설령 아무리 고상한 이상을 위해 노력하다가 생겨났다 해도 바뀌지 않는다. 짜증은 다만 짜증일 뿐이요, 그것이 어떤 원인에서 생겨났는가를 구별할 필요는 없다. 겉보기에는 그 원인이 남을 위한 것이냐 나를 위한 것이냐의 구별이 있는 것처럼 보일지라도 실은 같은 것이 달리 나타난 데 불과하기 때문이다.

예컨대 넉넉하게 재산을 모아 남들에게 자선하겠다는 고상한 마음으로 생활비를 지나치게 절약한 경우와, 미래에 그 재산으로 쾌락을 즐기겠다고 생활비를 지나치게 절약한 경우가 얼핏 보기에는 달라 보일 것이다.

그러나 그 어느 쪽이든 간에 그는 자기가 원하는 것을 추구한 것이다. 전자는 남을 돕지 않으면 괴롭기 때문에, 또는 남을 도움으로써 얻게 되는 즐거움(그것이 순수한 것이든 그렇지 않든 간에) 때문에 남을 도우려 한 것이다. 따라서 후자는 물론 전자까지도 자신을 위해서 생활비를 아낀 것이지 남을 위해 아낀 것은 아닌 것이다.

이처럼 모든 행위는 자신의 이고득락을 위해서만 행해진다. 따라서 남을 위한다는 명분 아래 선행을 하더라도, 실은 남을 위함으로써 내가 위해지기 때문에 선행을 한 것이므로, 그것은 남을 위한 것이 아니라 자신을 위한 것이다. 이런 이치에 따라 그가 나중에 재산이 모이면 남을 돕고자 하여 생활비를 아낀 것이라 하여 그 짜증이 다른 짜증과 다르다고 말하기는 어렵다.

그러므로 지나치게 노력하여, 또는 남을 위해서라는 명분으로 짜증이 날 정도까지 자신을 억압할 필요는 없다. 그럼으로써 짜증이 쌓이면 쌓일수록 그의 마음은 짜증의 보상을 요구하게 되고, 그들은 보상의 요구에 의해 남을 위하려던 마음의 순수성이 사라지게 되기 때문이다. 그리하여 그는 남을 실제로 위하는 데 이르렀을지라도 "왼손이 하는 일을 오른손이 모르게" 하지 못한다.

다시 말해서 그는 칭찬받고 싶어하고, 표창받고 싶어하며, 박수받고 싶어한다. 그렇다면 이런 순수치 못한 마음은 무엇이 일으켰는가. 돌이켜 보건대 그것을 일으킨 심리적 배경은 그의 지나친 노력이 낳은 짜증과 고통이다.

그가 지나치기를 2만큼 했다면 그는 2만큼의 박수를 원하게 된다. 그가 지나치기를 3만큼 했다면 역시 그는 3만큼의 찬양을 원하게 된다. 이로써 알 수 있는 것은 지나치게 노력할 때 집착이 생겨난다는 것이다.

그가 2만큼 지나치면 그는 미래의 결과에 대해 2만큼 집착하게 된다. 또 그가 3만큼 지나치면 그 또한 미래의 결과에 대해 3만큼 집착하게 되는 것이다. 그것은 마치 백만 원의 수입 가운데 10만 원씩 적금 불입을 한 사람과, 2백만 원의 수입 가운데 10만 원씩 적금 불입을 한 사람의 경우와 같다.

이 가운데 어느 쪽이 더 적금에 집착할까? 당연하게도 전자가 후자보다 더 집착한다. 그것은 전자가 후자보다 더 많이 노력했기 때문이다. 따라서 그는 후자보다 적금을 찾을 때 더 기뻐하게 되고, 만일 적금을 찾지 못한다면 더 괴로워하게 될 것이다. 그리고 이런 사정이 누누이 설명한 선입견과 편견을 낳게 된다.

따라서 우리는 짜증이 날 만큼 노력의 정도를 높여서는 안 된다. 그럴 경우 그 노력은 순수성을 잃게 되고, 마음에는 짜증이 쌓이게 되며, 그같은 짜증은 더욱 우리를 교통체증에 걸린 현실에 붙들어매게 될 것이다. 그럼으로써 그는 꿈과 이상으로 나아가려던 최초의 목적과는 달리 삶으로부터 점점 멀어지게 된다.

여기까지의 설명을 듣고 난 어떤 독자는 물을 것이다. "도대체 어쩌라는 건가? 노력을 하라는 건가, 말라는 건가?" 다시 한 번 말한다. "노력하라. 그러나 짜증이 날 정도로 노력하지는 말라. 노력이 비순수로 바뀔 정도, 노력이 집착으로 바뀔 정도로 노력하지는 말라. 특히 명상법을 수련할 때는."

이런 '적정한 노력'을 가리키는 말이 노력의 중도(中道)인데, 중도의 요점은 '5%의 틈'이라고 바꿔 말할 수 있다.

예를 들어 여기에 100kg짜리 역기를 들 수 있는 역도선수가 있다고 하자. 그 경우 그는 다음 세 가지 방식으로 훈련을 할 수 있을 것이다.

1. 게으름 : 100kg 이하로 연습한다.
2. 중도 : 100~105kg 정도로 연습한다.
3. 지나친 노력 : 105kg 이상으로 연습한다.

위의 세 가지 방법 중 2가, 즉 적정한 노력의 길이다.

사람은 자기의 노력에 5% 정도 넘치는 짐(노력)을 지더라도 그것을 견뎌낼 수 있다. 물론 그때 그는 게으름을 부릴 때(1) 느끼지 않아도 되는 고통을 느낀다. 그러나 그 고통은 지나친 노력을 할 때(3) 느끼는 고통과는 구별된다. 3은 글자 그대로의 고통이지만, 2는 '지긋한 쾌감이 동반되는 고통'인 것이다.

바로 여기가 요점이다! 고통과 쾌감이 섞여 있는 이 지점. 이 지점에서 쾌락을 보지 못하고 고통만을 보는 사람은 발전하지 못한다. 그에 비해 이 지점에서 고통에 비해 쾌감을 더 크게 느끼는 사람은 나날이 발전하게 된다.

그동안 우리는 수많은 '선생님'들로부터 귀에 못이 박히도록 들어왔다. "노력하라" "정진하라" "자기를 이겨라" "분투하라" "도전하라" 그리고 그 말씀들은 지당하고도 지당한 것이다. 그러나 그러면서도 그 말씀들은 "성공하라, 그러면 얼마나 좋으냐?"라든가, "건강하라, 그러면 안 아플 것이다", "행복하라, 그러면 행복할 것이다"라는 말과 비슷한 점이 있다.

대체 그게 말이 되는가. 누군들 성공·건강·행복을 바라지 않겠는가. 그것은 노력에 대해서도 그렇다. "노력하라. 그러면 노력하게 될 것이다." 성공하란다고 성공이 되는 것이 아니듯이, 노력하란다고 노력이 가능해지는 것이 아니다. 성공과 마찬가지로 노력을 하는데도 '요령'이 있어야만 한다는 말이다.

물론 아무리 좋은 '말씀'이라고 할지라도 듣는 사람이 능동적으로 실천하지 않으면 무용지물이 되고 만다. 그 점은 필자가 제시하는 105%로 또한 마찬가지이다. 그렇지만 섬세하게 살펴보면 105% 중도론(2)은 105% 이상의 지나친 노력(3)과는 본질상 다르다. 105% 중도론의 길에서는 지나친 노력의 길에서 낳게 되는 짜증이 쌓이지 않게 되고, 그 결과 부정적인 후유증, 즉 찾고 찾았다가 터뜨리는 울분이라든가, 남의 칭찬과 박수를 바라는 비순수성이 없게 되기 때문이다.

이것은 105% 중도론의 길이 결과와 타인·타물에 의존하지 않는 길임을 의미한다. 그것은 과정과 자기자신에 의존하는 길이다. 그것은 시간적으로는 결과와 함께 과정에서도 쾌감(보람)을 느끼는 길이며, 공간적으로는 남의 칭찬·박수가 아니라 나 자신의 내부에서 솟아오르는 뿌듯한 자신감과 자긍심을 보람으로 삼는 길인 것이다.

적정한 정도의 노력을 할 때 우리는 우리 자신에 대해 뿌듯한 자긍심을 느낀다. 이것은 그때 우리(나)가 우리 자신(나)을 이겨냈기 때문이다. 그렇다면 그때 이기는 나는 누구이며, 진 나는 누구인가.

내가 나를 이겼다고 할 때 이긴 나는 '성장하는 나'이고, 진 나는 '게으른 나'이다. 그런데 이렇듯 내가 나를 이기는 싸움과, 내가 남을 이기는 싸움은 본질적으로 다르다. 내가 나를 이기는 싸움에서는 패배한 자의 원망이 없다. 그러나 남을 이겼을 때는 패배한 자가 나를 원망하며, 그로 인해 부정적인 후유증이 남는다. 이 또한 '지나친' 어떤 면이 있는 승리인 것이다.

그에 비해 내가 나를 이기는 승리에서는 개운하고 상쾌한 느낌만이 있을 뿐이다. 그런 승리에서는 패배한 나의 적(게으름)이 안개 걷히듯 사라져 버린다. 어떤 의미에서 적은 나와 혼연일체 하나가 된다. 그리하여 나는 상쾌하고, 유쾌하고, 통쾌하고, 건강한 느낌과 실제, 이긴 자로서의 긍지·자부심·우월감을 느끼게 된다.

바로 이 느낌이 중요하다. 타인·타물에 의존되지 않는, 누군가에게 해를 끼치지 않는 승리! 그리하여 붓다는 말했던 것이다. "자기 자신을 다스리는 것이 백만대군을 이기는 것보다 더 뛰어난 것이다."

그리고 그런 위대한 길은 적정한 노력, 지금까지 필자가 설명한 105% 노력론을 잘 이해하여 실행함으로서만 가능하다. 이 길만이 우리를 최후의 목표까지 인도해 준다. 이에 비해 지나친 노력의 길은 처음에는 큰 진보를 보이지만 시간이 갈수록 밑바닥에 짜증, 즉 '부정의 정신' 이 쌓인다. 그리고 그렇게 쌓인 길은 '나중에 가서' '말을 한다' .

입으로나 펜으로 할 수 있는 모든
말 가운데 가장 슬픈 말은 이 말이다.
"그렇게 될 수도 있었는데!"

　　　　　　　　—휘티어

삶은 여덟 괴로움으로부터

 105% 노력의 묘(중도의 묘)를 얻은 지혜로운 사람은 현실의 땅을 굳건하게 딛고 선 상태에서 이상을 바라본다. 다시 말해서 그는 눈앞의 잎과 가지 문제를 등한시하지 않는 가운데, 줄기와 뿌리의 문제를 생각한다는 말이다.

 그리하여 그는 인생을 10년 단위, 나아가 전체 단위에서 파악해 본

바람직한 사색과 대응의 포트폴리오

다. 그리고 그 결과 인생에는 다음과 같은 괴로움(문제)이 있고, 그 괴로움을 괴로움 아닌 것으로 바꾸지 않으면 안 된다는 결론을 얻어내게 된다(해결).

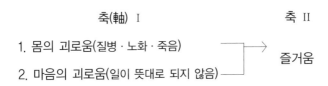

축(軸) I   축 II

1. 몸의 괴로움(질병 · 노화 · 죽음)
2. 마음의 괴로움(일이 뜻대로 되지 않음)   즐거움

사람은 이고득락(離苦得樂 : 괴로움을 벗어나 즐거움을 얻음)을 추구한다

붓다는 이와 같이 양축을 대비시킨 다음, 먼저 괴로움의 원인부터 밝혀나갔다. 왜냐하면 그 원인이 밝혀져야만 괴로움을 벗어나는 방법도 밝힐 수 있을 것이기 때문이다. 그리하여 붓다는 괴로움의 원인이 '욕망'이며, 욕망을 없애기만 하면 괴로움이 사라진다는 것을 깨달았다. 그리고 욕망을 없애는(줄이는) 방법으로서 명상법을 가르쳤던 것이다.

그런데 이에 대해 이렇게 반문하는 사람이 있을지 모른다. "인생에는 괴로움 아닌 경험도 있다. 즉 우리에게는 젊음을 누리는 때가 있고, 건강한 때가 있으며, 살아 있기도 한 것이다. 나아가 마음의 괴로움 또한 언제나 어디서나 당하고 있는 것은 아니다. 즉 그것은 끝날 때가 있는 것이다."

물론 그것은 그렇다. 그러나 그것은 인생의 작고 짧은 단위에서만 그럴 뿐, 크고 긴 단위에서는 그렇지 않다. 다시 말하여 삶의 괴로움은 인생을 하루, 한 달, 1년 정도로 볼 때 성립한다기보다는 10년이나 평생 단위로 볼 때 성립한다는 말이다.

그리고 보다 면밀하게 관찰하기만 한다면 인생의 작고 짧은 단위에서도 괴로움은 생생한 현실로 진행되고 있음을 알 수 있다. 예를 들어 젊음을 자랑하는 사람에게도 늙음은 순간순간 진행되고 있으며, 건강을 자랑하고 있는 사람에게도 질병이 순간순간 다가오고 있는 것이다.

나아가 아무리 걱정 근심이 없는 사람일지라도 마음 밑바닥을 들여다보면 무언지 개운치 못한, 찜찜하고 답답하고 어둡고 우울하고 의심스러운 어떤 것이 있다. 따라서 인생은 즐거울 때까지를 포함한 모든 때의 괴로움을 바탕삼아 성립하고 있다고 말할 수 있다.

우리는 인생이 문제의 연속임을 확인한 바 있거니와 모든 문제는 곧 괴로움을 해소하고자 하는 문제일 뿐이다. 따라서 문제의 연속이라는 말은 괴로움의 연속이라는 말이다. 따라서 인생에서는 괴로움의 연속 자체가 멈추지 않음을 알 수 있다.

이에 따라 붓다는 다음과 같이 말하게 되었다. "물론 인생에는 즐거운 때도 있고, 괴로운 때도 있다. 그러나 그 어떤 즐거움이라 할지라도 영원하지 못한 법이어서, 마침내 그것은 끝나고 만다. 따라서 그 즐거움은 진정한 즐거움이라 할 수 없다. 그리고 그 한때의 즐거움이 끝나면 다음 괴로움이 다가온다. 이처럼 인생은 괴로움의 물결에 휩

쓸려가는 고달픈 길이다."

그렇다면 어찌할 것인가. 그 대답은 앞에서 다룬 바에서 드러난 두 가지뿐이다. 첫째, 우선 급한 문제를 현실 속에서 처리할 것('70'). 둘째, 힘을 남겨 인생 전체의 문제에 대비할 것('30').

그리하여 후자에서 힘이 생겼을 때 문제의 연속은 완화되어 자아실현자가 되고, 거기에서 더 나아가면 문제의 연속이 멈추게 된다. 그 경지를 붓다는 해탈(解脫), 열반(涅槃)이라 불렀으며, 이를 성취한 사람을 진정한 성자라고 불렀던 것이다.

이로써 삶에 몸과 마음의 괴로움이 있음이 확인되었는데, 몸과 마음의 괴로움으로부터 생겨나는 것이 '~하고 싶지 않다', 또는 '~하고 싶다'이다. 바꿔 말해서 삶은 '하고 싶음'과 '하고 싶지 않음'의 문제이다.

따라서 이제부터의 우리의 관심은 하고 싶음, 즉 욕망에 쏠릴 수밖에 없다. 그와 함께 우리의 관심은 하고 싶지 않음, 즉 무욕망, 또는 초(超)욕망으로 향하게 된다.

그런데 욕망에 대해서도 여러 가지 용어가 쓰이고 있고, 그 개념 또한 애매하기 때문에 혼란이 일어나고 있다. 따라서 우리는 여기에서 욕망과 관련된 몇 가지 용어를 정의해 둘 필요가 있다. 언어의 정의가 애매하면 그것을 사용하는 논의 자체가 뜬구름 잡는 데서 끝나게 마련이기 때문이다.

예를 들어보자.

우리가 흔히 쓰기도 하고 듣기도 하는 말 가운데 '마음을 비우라'

는 말이 있다. 그런데 대부분의 사람들이 잘 알고 있다고 여기고 있는 이 말의 뜻은 무엇일까. 이 말에서 문제가 되는 것은 '마음'이라는 말의 정의이다. 이 말이 글자 그대로의 마음을 뜻한다면 문제는 심각해지지 않을 수 없다. 마음이 비워진다는 것은 곧 죽는다는 것을 의미할 수 있기 때문이다. 죽음이란 결국 몸에서 마음이 떠난(비워진) 상태가 아닌가.

이로써 마음을 비우라는 말에서의 마음이 글자 그대로의 마음이 아니라는 것을 알 수 있다. 이 경우 마음은 욕심을 의미한다. '마음을 비우라'는 말의 본뜻은 '욕심을 버리라'인 것이다. 그렇지만 관습이 그렇기 때문에, 또는 그래야 멋져 보이기 때문에 우리는 '욕심을 버린다'고 말해야 할 때 '마음을 비운다'고 말한다. 그렇지만 이같은 불명료한 언어 사용으로부터 많은 오해가 생겨난다. 필자는 그런 위험에 빠지고 싶지 않다.

사전적인 의미는 어찌 되었든 간에 필자는 이 책에서 자주 사용될 세 어휘를 다음과 같이 정의하기로 하겠다.

- 희구(希求) : 사람이 바라는 모든 것(100)
- 욕구(欲求) : 희구 중 자기의 능력이 닿는 데까지(능력이 70이라면 70까지)
- 욕망(欲望) : 자기의 능력을 벗어나는 희구(능력이 70이라면 나머지 30)

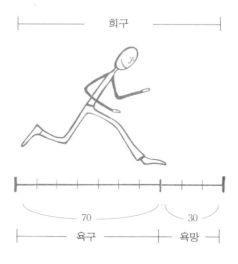

세 용어의 정의(능력이 70인 사람을 기준으로)

먼저 확인해야 할 것은 희구가 충족을 지향한다는 점이다.

무언가를 바란다는 것은 무언가로써 채우고 싶다는 것이다. 이렇듯 희구는 충족을 지향하는데, 충족을 달성시켜주는 것은 소유이다. 충족은 소유로써 달성된다. 그리고 희구가 충족되었을 때 사람들은 만족 또는 행복을 느낀다. 예를 들어 집을 갖고 싶은 희구가 충족되면 즐겁고 행복해지며, 명예를 얻고 싶은 희구가 충족될 경우에도 마찬가지이다.

따라서 희구와 그 충족(소유) 여부가 삶의 행-불행을 결정한다. 이 경우 희구는 빈 그릇과 같고, 소유를 통한 충족은 빈 그릇에 물을 채우는 것과 같다 하겠다.

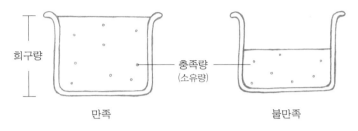

희구량

충족량
(소유량)

만족

불만족

만족과 불만족

그림에서 보듯이 충족량을 결정하는 것은 소유이다. 그리고 소유는 능력에 의해 결정된다. 그리고 사회적인 장치들(법률과 도덕)의 기초는 정당한 방법에 의한 소유를 보장하는 것과 부당한 방법에 의한 소유를 막는 데 있다고 할 수 있다.

따라서 우리 앞에는 두 길이 있는 셈이다. 법률과 도덕이 정한 틀 안에서 소유를 늘려 희구를 충족할 것인가, 아니면 그것을 범하면서까지 희구를 충족할 것인가 하는 문제가 그것이다. 이에 대해 지혜로운 사람이라면 누구든지 전자를 택할지언정 후자를 택하지는 않을 것이다. 후자를 택할 경우 목전에서는 혹 작은 이익(희구의 충족)을 얻을지 모르지만 마침내는 큰 이익을 배반당하게 될 것이 뻔하기 때문이다.

따라서 법률과 양심 안에서 소유를 확대해 나가지 않을 수 없는데, 이 경우에 한할 경우 내 소유의 확대를 돕는 것은 오직 나의 능력과 우연(행운) 뿐이다. 그러나 우연은 우리의 힘으로써 조절할 수 없다.

따라서 우리가 얻을 수 있는 결론은 하나뿐이다. '능력을 키우자'가 그것이다.

이것이야말로 모든 사람들이 왜 지식을 늘리고 싶어하는지, 왜 직장에 나가는지, 왜 심신을 단련하고 아름다워지려고 애쓰는지를 설명해 준다. 예를 들어 왜 학생들은 더 공부를 잘 하려고 하고, 가능하면 더 우수한 대학에 가려 하는가. 그것은 오직 한 가지 이유, 즉 그럼으로써 능력을 키우면 소유의 증가에 도움이 되기 때문이다.

따라서 우리는 세상의 모든 사람들과 마찬가지로 우리가 가진 능력을 최대한 계발하여 발휘할 필요가 있다. 이렇게 말하면 매우 이기적인 것 같고, 그래서 일말의 자책감이 느껴질지도 모르겠다. 그렇지만 이 길을 그렇게만 생각할 것은 아니다.

이기(利己)에는 법률과 도덕을 저촉하는 이기와 그 안에서 추구되는 이기 등 두 가지가 있다. 전자는 나의 이익을 위해 남의 이익을 훼손한다. 따라서 전자는 나에게는 이익이지만 남(사회)에게는 손해가 되는데, 이런 이기의 길을 권장할 현자는 없을 것이다.

그렇지만 두 번째 이기, 즉 법률과 도덕 안에서 착실히 추구되는 이기는 부정되어서는 안 되는 길이다. 떳떳하고 당당한 방법으로 돈을 벌거나 명예를 얻는 일—그것은 민주시민으로서의 당연한 권리이다. 우리는 행복해지기 위해서 떳떳한 모든 방법을 동원할 권리를 갖고 있으며, 민주사회란 그같은 권리를 인정하는 사회이다.

또한 그같은 이익 추구는 이기인 한편 이타(利他)가 된다는 데 민주주의의 매력이 있다. 빌 게이츠라는 천재적인 사업가가 등장함으로써 미국이라는 사회에는 얼마나 많은 이익이 생겨났는가를 생각해 보라. 이때 빌 게이츠가 반드시 미국, 또는 이웃사람들을 위해서 사업을 시작하지 않았어도 상관이 없다. 그가 법이 정하는 테두리 안에서 사업을 하는 한, 그의 이기적인 행위가 성공하면 할수록 미국 사람들은 그와 더불어 이익을 보게 된다.

다만 우리나라의 경우 그동안 법이 정하는 테두리 안에서 이익 추구를 하지 않는 사업가가 많았다는 데 문제가 있다. 또 법이 그같은 불법을 잘 밝혀내지 못하고 있는 현실도 문제가 된다. 나아가 '준법적인 이기' 란 곧 이타와 애국으로 연결된다는 점을 잘 인식하지 못하고 있는 국민에게도 문제가 있다고 생각된다.

욕심을 조절해야 한다

여기까지의 설명은 새삼스러운 것이라고 할 수 있다. 당연한 이치일 뿐 아니라 대부분의 사람이 알든 모르든 그렇게 살아가고 있기 때문이다. 문제는 그 다음이다.

그림으로 돌아가 다시 생각해 보자. 우리가 우리의 능력으로 희구량을 다 채울 수만 있다면 삶은 만족과 행복에 도달한다. 돈을 갖고 싶을 때 돈을 갖고, 아름다워지고 싶을 때 아름다워지며, 건강하고 싶을 때 건강해지고, 명예를 갖고 싶을 때 명예를 가질 수만 있다면 무슨 문제가 있겠는가. 그럴 경우 필자가 이 책의 첫머리에서 거론했던 바와 같은 참음, 긴장, 스트레스 따위가 애당초 생겨날 까닭이 없다.

문제는 언제나 우리의 희구량이 소유량보다 크다는 데 있다. 우리가 아무리 있는 힘껏 능력을 발휘하여 소유를 늘려보아도 희구량에는 언제나 미치지 못한다. 설령 한때 그런 성취가 가능하다고 해도 다음 순간 희구량이 증가해 버림으로써 그동안의 노력이 허사로 돌아가 버리곤 한다.

요컨대 우리의 소유보다 더 빠른 속도로 희구량이 증가한다는 것이 문제이다. 우리가 있는 힘껏 능력을 계발하여 10년 동안에 소유를 10만큼 늘리는 동안 희구량은 20만큼 자라버리곤 한다. 그러니 그동안의 노력이 무슨 소용이 있겠는가.

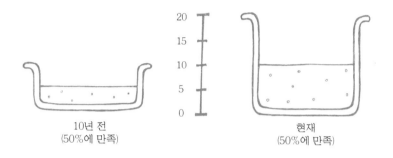

소유량은 늘었지만 만족량은 늘지 않았다

이 경우 희구량 대 소유량의 비율은 여전히 2 대 1이지만, 우리가 느끼는 불만족의 양은 두 배로 늘어버렸다. 그래서 우리는 가지면 가질수록 더욱 가난해진 기분이 들게 된다. 이런 사정은 수백 억, 수천 억을 소유한 부자들의 끝모르는 욕심과, 권력의 정상에 올랐으면서도 소유의 부족감에 허덕이는 이들의 심리를 잘 설명해 준다 하겠다.

그런데 대개의 경우는 이만도 못하다. 앞에서는 희구량과 소유량이 같은 속도로 자라는 예를 들었지만, 실제 상황에서는 희구량이 증가하는 속도가 소유량이 증가하는 속도에 비해 훨씬 빠르다. 그 게임은 토끼와 거북의 경주와 같다.

희구가 토끼라면

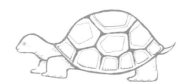

능력은 거북

토끼와 거북의 경주

　우리에게 명상, 즉 '마음 다스리기' 가 필요한 것은 이 때문이다. 있는 힘껏 노력하고, 다행히 내게 남들보다 더 뛰어난 능력이 있어서 소유량을 증가시킬 수 있는 경우일지라도, 그것만으로 반드시 만족과 행복이 보장되지 않는다는 것을 아는 데서 마음 다스리기가 시작된다는 말이다.

　명상자가 아닌 여느 사람들은 우리가 현재 만족스럽지 못한 원인이 '소유의 부족' 에 있다고 생각한다. 그렇지만 명상자는 그것이 무엇에 대비된 소유인가를 묻는다.

　앞의 그림으로 돌아가 보자. A는 10년 전에 희구량 20에 소유량은

10이었다. 따라서 그는 10만큼의 만족을 느끼는 한편 10만큼의 불만을 느끼고 있었다. 그 뒤 10년 동안 그는 열심히 노력하여 소유량을 배로 늘렸다.

그렇다면 그는 그를 통해 만족에 도달했는가? 아니다. 그동안에 희구량 또한 40으로 늘어나 버렸기 때문이다. 그런데 만일 그가 소유량을 10만큼 늘렸지만 희구량은 늘리지 않았다면 어떻게 될까? 재론의 여지 없이 그의 거북은 토끼를 따라잡고 만족감을 느끼게 될 것이다.

소유량은 10 늘고 희구량은 5만큼 는 경우도 가정해 볼 수 있다. 그 경우 우리는 완전하지는 않지만 전보다는 더 만족에 가까운, 다음과 같은 그림을 그릴 수 있을 것이다.

환상적인 경우도 생각해 보자. 소유량은 10 늘었지만 희구량은 오히려 5가 줄었다면 어떨까? 아주 드물긴 해도 이런 경우가 절대로 없으리라는 법은 없다. 얼마 전에 대기업 부회장을 지내다가 식당 웨이터가 된 분이 라디오에 출연하여 대담하는 것을 들었다. 그 분은 전직에 있을 때보다 현재 더 큰 만족감을 느끼고 있다고 말했다. 나는 그 분이 이런 유형에 속하는 것이 아닌가 생각한다.

이런 경우 그림에서 보이는 5만큼의 여유분은 그의 주변 사람들(사회)에게 돌아가게 된다.

따라서 우리의 행복(만족)은 다음 두 가지 방식으로 추구될 수밖에 없다.

1. 능력 계발을 통해 소유를 늘린다(물).

2. 희구량을 줄인다(그릇).

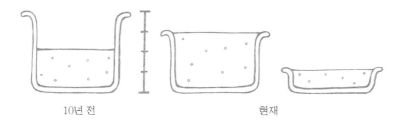

10년 전   현재

10년 전과 현재

    그런데 이 중 1의 방법은 누구나 사용하고 있으므로 이 책에서 재삼 다룰 필요가 없다. 문제는 2이다. 따라서 이제부터 우리는 희구가 어떻게 생겨나고 자라는지를 알아야 한다. 그 법칙을 알아야만 그것을 다스릴 수 있기 때문이다.

시시포스처럼 고달픈 욕망의 길

　욕망 다스리기는 젖혀둔 채 능력만으로 소유를 늘려 욕망을 충족코자 하는 길은 시시포스의 신화를 연상시킨다. 시시포스는 제우스 신으로부터 올림푸스 산 꼭대기까지 바위를 밀어올리는 형벌을 받았다. 그런데 시시포스가 있는 힘을 다해 바위를 산 정상에 밀어올리는 순간 바위는 산 아래로 굴러 떨어지도록 저주되어 있었다.

　따라서 그의 노력은 번번이 실패할 수밖에 없다. 마치 이와도 같이, 욕망으로 행복을 얻으려는 길은 처음부터 실패가 예정되어 있는 것이다. 바위를 산 위로 밀어올려 놓고 한숨 돌리는 그 순간의 만족이 있을 뿐, 다음 순간 만족의 바위는 불만족의 산기슭으로 굴러떨어져 버림으로써, 우리는 또 다시 무거운 바위를 밀어올리느라 심신을 혹사해야 하는 것이다.

　예컨대 사글세를 사는 어떤 사람이 말한다. "전세방 하나만 얻으면 소원이 없겠어!" 그리하여 그는 전세방이라는 이름의 산꼭대기로 바위를 밀어올리기 시작한다. 그리고 마침내 목표로 삼았던 그때가 온다. 그리하여 그는 모처럼 장만한 전세방에 앉아 즐거운 콧노래를 부른다. "아, 나는 만족! 나는 이제 더 이상 필요한 것이 없다네!"

그때 그가 누리는 만족은 고대광실을 가진 사람 못지 않은 것이다. 그러나 얼마 지나지 않아 그는 알게 된다. 비단 자기만 전세를 살고 있는 것이 아니라, 이웃집 김씨도, 건넛집 박씨도 전세를 살고 있다는 것을 말이다.

그러자 그의 빛나던 전세방은 갑자기 초라하게 느껴지기 시작한다. 게다가 두 집 건너 살고 있는 후배는 자기 집에서 살고 있다는 것을 알게 됨으로써 그는 이제 더 이상 전세방에 만족하지 못하게 된다. 그리하여 그의 마음은 산기슭으로 내려와 중얼거리는 것이다. "열 평짜리라도 좋다. 내 집을 가져야 한다!"

그리하여 그는 그 목표를 향해 몸과 마음을 바쳐 일한다. 그런 끝에 어느 때가 되어 그는 그 목표를 달성하겠지만, 그의 욕망의 토끼는 이번에도 품안에서 도망쳐 저만치 달아나 버림으로써 그는 또 다시 불만족의 지옥으로 전락하여 중얼거리게 된다. "스무 평짜리!"

그러나 이같은 게임은 그가 스무 평짜리 집을 서른 평, 마흔 평까지 늘려도 멈춰지지 않는다. 나아가 그의 소유욕은 온 나라를 다 차지하고, 심지어 우주를 다 차지하고서도 끝나지 않는 것이다.

이처럼 욕망은 끝없이 자라는 속성을 갖고 있다. 따라서 욕망을 소유를 통하여 충족하려고만 할 경우 그는 끝까지 노력하더라도 그 목표에 이르지 못한다. 역사상 그 어떤 황제·부호·미인·학자도 이런 식으로는 만족에 이르지 못하였다. 그리하여 붓다는 말했던 것이다. "설사 황금이 소낙비처럼 쏟아진다고 해도 한 사람의 욕망조차

만족시켜 주지는 못한다." 왜냐하면 그는 얼마 있다가 이렇게 중얼거릴 것이기 때문이다. "이번에는 황금 장마비가 안 오나?" "이제 황금은 지겨우니까 다이아몬드 비가 왔으면 좋겠다!"

욕망을 소유로만 채우려 할 경우, 도깨비 방망이 하나만 가지면 된다. 도깨비 방망이라는 것이 무한하게 소유하고 싶어하는 인간의 마음이 만들어낸 설화이겠거니와, 그러나 도깨비 방망이를 가진 사람조차도 끝내는 만족에 이르지 못하는 것이 소유를 통한 만족의 길이다.

도깨비 방망이를 소유한 사나이는 먼저 호화로운 집을 지을 것이며, 미인 아내를 구할 것이다. 나아가 세상의 모든 아름다운 경치를 구경하고, 모든 재산을 소유하며, 명예와 지식을 얻고, 모든 권력을 차지할 것이다. 그러나 그때에도 그가 도깨비 방망이를 두들기는 속도보다 더 빨리 그의 욕망은 자랄 것이다. 따라서 그는 연신 방망이를 두들기지 않으면 안 될 것이다.

그는 어제 지은 궁궐이 오늘은 마음에 들지 않을 것이다. 그 결과 지금 살고 있는 프랑스식 궁궐을 페르시아식으로 바꾸기 위해 방망이를 두들겨야 할 것이요, 그런 식으로 아내를 바꾸고, 신하들을 바꾸고, 궁궐의 구조를 바꾸고, 장식품을 바꾸고, 파티의 형식을 바꿀 것이다.

나아가 그는 주변 사람들이 도깨비 방망이를 훔쳐갈까 두려워 감시자를 고용할 것이다. 그러나 그 감시자조차도 믿지 못한 나머지, 감시자를 감시하기 위한 제2의 감시자를 고용할 것이다. 또한 그 감시자조차도 감시해야 할 것이며, 심지어는 방망이를 준 도깨비조차도 의

심하기에 이를 것이다. 그리하여 도깨비를 없애기 위해서 부하들을 시켜 여기저기 찾아다니게 할 것이고, 그들이 성공하지 못하면 화를 낼 것이다.

　이런 식으로 그는 전과 다름없이 짜증과 불만에서 벗어나지 못할 것이다. 그런 끝에 만족만이 있는 새로운 우주를 만들겠지만, 그 우주조차도 그를 만족케 하지는 못할 것이다. 왜냐하면 완전한 만족은 밖으로부터 얻어지는 것이 아니라 그가 욕망을 줄일 때, 타인·타물 의존적인 데서가 아니라 자기자족적인 데서, 즉 안으로부터만 얻어지는 것이기 때문이다.

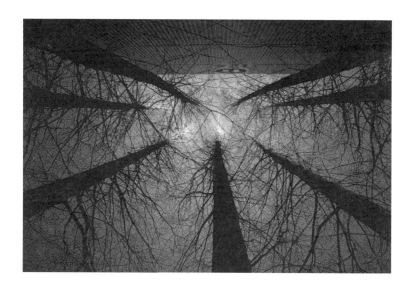

과거는 지나간 것이어서 버림받은 것이며, 미래는 호사가들의 꿈이다.
이 두 가지는 우리 힘으로 어찌할 수 없다. 따라서 나는 단지
현재에 관심을 가질 뿐이다.　　　　　　　　　　　　　─앙드레 지드

제2부

마음 다스리기 _이론

사람에는 네 종류가 있다

"마음(욕망)이 가난한 자에게 복이 있다"는 성경의 가르침은 전적으로 옳다. 그리고 "만족할 줄 아는 것이야말로 으뜸 가는 재산"이라는 붓다의 가르침 또한 전적으로 옳다. 나아가 "욕망을 버려야만 완전한 만족을 얻을 수 있다"는 붓다의 선언과 "천국은 마음 안에 있다"는 예수의 가르침 또한 만족과 행복에 관한 최후의 진실이라 하지 않을 수 없다.

다시 말해서 만족은 욕망이 적을 때 일어난다. 나아가 욕망이 아주 사라짐으로써 우리는 완전한 만족에 도달할 수 있다. 따라서 우리는 한편으로 능력을 키우면서(물), 다른 한편으로는 욕망을 줄여나가지 않으면 안 된다(그릇).

이로써 우리는 욕망과 능력을 기준으로 다음 네 부류의 사람을 상정할 수 있다.

1. 다(多)희구자 : 능력에 비해 희구량이 아주 많은 사람
2. 소(少)희구자 : 능력에 비해 희구량이 조금 많은 사람

3. 적(適)희구자 : 능력과 희구량이 비슷한 사람

4. 무(無)희구자 : 능력이 있으면서도 희구는 없는 사람

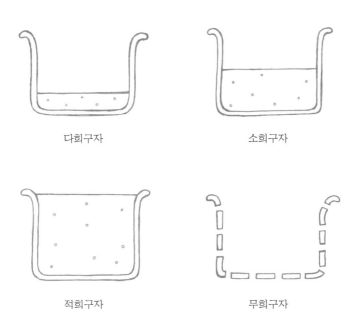

다희구자   소희구자

적희구자   무희구자

예컨대 소희구자는 능력 대 욕망의 비율이 1 대 2~3 정도, 다희구
자는 그 이상, 적희구자는 1 대 1, 무희구자는 1 대 0인 사람이라 하겠
다. 그리고 그의 행동은 다음과 같이 나타난다.

다희구자

희구량이 지나치게 많은 데 비해 정당한 능력으로 그 희구를 다 채울 수 없기 때문에 법률과 양심에 어긋나는 행위를 저지르게 된다. 그 결과 사회로부터 제재를 받는다. 또 양심이 그를 불안으로 몰아 넣으며, 법률에 의해 처벌을 받음으로써 큰 고통을 받는다. 결과적으로 그는 짜증 · 우울 · 슬픔 · 비탄의 극을 경험하게 되며, 그처럼 곤죽이 돼버린 심신 상태에서는 만족과 평화가 도저히 얻어질 수 없다. 이들을 한 마디로 결론내린다면 이렇다. "욕심(욕망)이 과하면 반드시 사고를 친다." 이에 해당하는 사람은 전체의 약 1%가 정도가 아닐까싶다.

소희구자

정당한 능력으로 채울 수 있는 희구를 채운 다음, 다 채우지 못한 욕망은 참는다. 그런데 그 참음이 스트레스가 되어 그를 짓누른다. 따라서 그는 다희구자보다는 덜하지만 짜증 · 우울 · 슬픔 · 비탄을 자주 경험한다. 소희구자는 다시 다희구 쪽으로 이동하고 있는 사람과 적희구 쪽으로 이동하고 있는 사람으로 나뉜다. 그가 다희구 쪽에 더 가까워지면 가까워질수록 그의 불만과 스트레스는 더 커지고, 적희구 쪽에 더 가까워지면 가까워질수록 그의 불만과 스트레스는 더 적어진다. 이들이 자주 쓰는 말은 이것이다. "산다는 게 다 그런 거지, 뭐!" 그러면서 그들은 더 이상의 경지, 더 참다운 삶을 찾지 않는다. 대부분의 사람이 이 부류에 속한다.

적희구자

정당한 능력으로만 희구를 채우며, 능력이 미치지 못하는 것은 희구하지 않는다. 따라서 희구를 채우지 못하여 참게 됨으로써 느껴야 하는 불만과 스트레스를 받지 않고 개운하고 밝은 마음으로 살아간다. 그는 남에게 부담이나 해를 끼치는 법이 없으며, 이들의 성격적인 특성은 마슬로우가 묘사한 자아실현자의 모습 그대로이다. 이들이야말로 '마음 다스리기'에 성공한 사람, '마음의 웰빙'을 이룬 사람들이다.

무희구자

자기의 능력을 주로 남을 위해서만 쓴다. 그는 심지어 살고 싶은 희구까지도 초월하였다. 그의 마음은 행복과 즐거움에 가득 차 있다.

이로써 우리는 사회적인 물의를 일으키는 사람들의 악행이 하나의 예외 없이 희구의 과잉에서 비롯됨을 알 수 있다. 또 사회적으로 존경을 받는 사람들의 선행 또한 욕망이 적어졌거나 없어짐으로써만 이루어지는 것도 알 수 있다.

물론 다희구자라 할지라도 욕망을 적게 일으키는 때와 경우가 있고, 소희구자라고 할지라도 욕망을 많이 일으키는 때와 경우가 있다.

예를 들어 다희구자가 자기의 추종자들에게 많은 돈을 베푼다든가, 소희구가 특정한 문제에 관해서는 강한 욕망을 일으키는 일 따위가 있는 것이다.

그렇긴 하지만 그가 다희구자에 속하는지 소희구자에 속하는지를 판단하는 것은 그리 어렵지 않다. 쉽게 말해서 자주 법과 양심을 저버리는 사람은 다희구자이고, 법률과 양심의 테두리 안에서 희구의 충족을 추구하는 사람은 소희구자라고 보면 될 것이다.

한편 적희구자는 법률뿐 아니라 높은 양심과 도덕률에 따라 행동한다. 그는 '남이 보기 때문에'라는 차원에서 사는 것이 아니다. 남이야 보든 보지 않든 그에게는 그 자신의 도덕률이 있다. 그러므로 그의 태도가 마슬로우가 묘사한 것처럼 떳떳하고 당당하며, 또한 충실하고 아름다울 것은 물론이다.

그러나 적희구자라 할지라도 살고자 하는 뿌리깊은 욕구가 있다. 따라서 죽음은 그들에게도 공포스러운 것이다. 또한 무의식적으로 바람직하지 않은 행위를 할 수가 있다.

이들은 소희구자처럼 개인적인 분노는 잘 일으키지 않지만 사회적 규범을 깨뜨리는 자에게 공분을 느낀다. 나 자신을 위해서라기보다 남들을 위해서 분노를 느끼는 경우가 있다는 말이다. 따라서 적희구자에게도 그 나름의 한계가 있다. 그들은 소희구자나 다희구자에 비해서는 바람직한 사람들이지만 무희구자에 비하면 부족한 점이 있다 하지 않을 수 없는 것이다.

무희구자는 적희구자라면 느끼게 마련인 미세한 희구까지도 모두 초월한 사람이다. 그는 심지어 죽음이 닥칠 때에도 마치 이웃집에 다니러 가듯이 죽을 수 있는 그런 사람이다. 또한 나-너라는 개념으로부터 벗어나 있어서 '마치 바람이 그물에 걸리지 않듯이' 마음 어디에도 불순한 요소가 없다. 따라서 본인이 원할지라도 남에게 화를 내거나 위해를 가하지 못하는(가하지 '않는' 경우와 다르다) 경지에 이른 사람이다.

따라서 그는 공분(公憤)까지도 일으키지 않는다. 그렇다면 공분을 일으킬 만한 일에 대해 어떤 반응을 보이는가. 그는 그럴 때 슬픔 또는 자비를 느낀다. 왜냐하면 그런 행위를 하는 사람은 스스로 자신을 평화스럽지 못한, 그리하여 끝내 쉴 곳이 없는 고통 속으로 몰아넣고 있기 때문이다.

이상 네 부류의 사람을 비율적으로 보면 무희구자는 1억 명 가운데 하나나 있을까 말까 한 정도라 하겠다. 그리고 적희구자는 1만 명 가운데 하나둘 정도 되겠고, 다희구자는 백 명 가운데 한두 명이 되리라 생각한다. 그리고 이들을 제외한 대부분의 사람이 소희구자들이다.

소희구자에 두 부류가 있음은 앞에서 말했다. 즉 다희구 쪽으로 나아가고 있는 소희구자와 적희구 쪽으로 나아가고 있는 소희구자가 그들인데, 명상에 임한다는 것은 그가 후자에 속하고 있음을 의미한다 해도 좋을 것 같다. 물론 명상자 가운데에는 적희구자로서 무희구자로 나아가고 있는 이도 있을 것이다.

이로써 현재 소희구자인 우리가 나아갈 방향은 '능력 계발'과 '희구 줄이기'임이 드러났다. 여기서 희구를 줄인다는 것은 일차적으로 희구의 욕망 부분(내 능력 이상을 바라는 부정적인 욕심)을 없앰으로써, 능력과 희구량의 비율이 1 대 1이 되게 하는 것, 즉 욕구만을 남긴 적 희구가 되는 것을 가리킨다. 그리고 적희구자로의 길이 곧 마음 다스리기, 즉 진정한 웰빙의 길인 것이다.

진실한 가르침은 인기가 없다

이제부터 우리가 가야 하는 두 길, 즉 '능력 계발'과 '희구 줄이기'는 얼핏 상반되는 덕목으로 생각하기 쉽다. 그러나 그렇지 않다. 희구를 줄인다는 것은 희구의 욕망 부분을 줄인다는 것이지 욕구 부분을 줄인다는 것은 아니다(93쪽 용어의 정의 참조). 예를 들어 내게 10의 능력이 있는데도 15를 바란다면 나는 넘치는 5를 줄여야 한다. 그런데 그것이 지나쳐서 능력이 닿는 10까지 줄여서는 곤란하다.

그것은 게으름이다. 능력이 10인데 8밖에 발휘하지 않는다면 발휘하지 못한 2만큼 그는 게을렀던 것이고, 그 게으름이야말로 다른 의미의 희구(욕망)이다. 욕망이란 반드시 더 바라는 것만이 아니다. 내가 하루에 열 시간씩 노력할 수 있는데도 여덟 시간 노력한 다음 나는 희구를 줄였노라고 말해서는 안 된다. 그 경우 그는 두 시간만큼 더 게으름을 희구(욕망)한 것이다.

또한 과다한 모든 희구도 능력 발휘를 저해한다. 이점에 대해서는 이미 누누이 설명했다. 다만 이 경우 어느 정도는 적어도 단기적으로도 능력의 계발과 발휘를 돕는다. 그에 반해 적절한 희구는 능력을 최대한 발휘하게 돕는다. 따라서 희구를 적절한 수준에서 조절하는 일과 가진 능력을 충분히 발휘하는 일은 절묘하게 한 지점에서 만나는 것이다.

희구의 부족(게으름) : 능력의 계발 · 발휘의 전면적인 저해
희구의 과잉(욕망) : 능력 계발, 발휘의 저해
적절한 희구(욕구) : 완전한 능력 계발 및 발휘

따라서 우리는 희구의 과잉이 몰고 오는 불이익과 적절한 희구가 제공하는 이익에 대해 음미해 보아야 한다.

그런데 지금까지 필자가 강조한 것들, 즉 희구를 줄이라, 욕망을 버리라는 말은 매우 인기 없는 말이다. 예컨대 희구를 줄이라거나 욕망을 버리라는 내용으로 강의를 시작하면 백 사람 중 아흔 사람 정도가 말이 끝나기도 전에 그 자리에서 떠나가 버린다.

그것은 매우 당연한 현상이다. 필자의 경우에도 강의를 하는 동안 이런 경우를 많이 보았다. 강의를 통해 욕망이 얼마나 자신을 해치는지, 그리고 욕망을 줄여 욕구만 남겨 놓는 것이 얼마나 자신을 이익되게 하는지 말하면 많은 사람이 고개를 끄덕이며 동의한다.

그러나 겉으로만 그럴 뿐 속으로 이렇게 말하는 사람이 많다. "흥! 공자님 같은 말씀이로군. 어디 그게 당키나 한 소리람?" 그러나 한편으로는 그 말이 옳다는 것을 느끼기 때문에, 또는 논박할 자신이 없어서 밖으로 드러내지 않고, 속으로만 이렇게 중얼거린 다음 그 자리를 떠나가 버리는 것이다.

그 결과 다음 번 강의에는 백 가운데 열 정도만 남게 된다. 물론 그들 중에서도 명상 수련을 해나가는 동안 다시 아홉이 떨어져 나가서 명상의 이익을 깊이 있게 누리게 되는 사람은 백에 하나둘밖에 되지 않는다.

그렇다고 해서 떠나간 이들에게 이익이 없었던 것은 아니다. 비록 그렇게 냉소하고 갔더라도 그들의 마음 가운데에는 이미 소(少)희구의 가치가 씨뿌려졌기 때문이다. 이처럼 희구의 법칙을 잘 이해하기만 해도 사회생활을 해나가는 데 큰 힘이 된다.

물론 위빠사나 명상에 숙달될 수만 있다면 그 편이 가장 좋다. 그러나 앞에서 설명한 주부의 예에서도 알 수 있듯이, 우리에게는 서로 다른 조건과 입장이 있다. 아무리 명상을 하고 싶어도 당장 몸에 병이 들었다든가, 경제가 매우 나쁜 상황에 처해 있다면 명상을 하기 어려운 것이다.

우리가 무희구자의 수준에 이르러 있다면야 그럴 경우에도 명상을 할 수 있다. 그렇지만 무희구자는 1억 명에 하나둘 정도에 지나지 않는다. 또 그런 이들은 이런 책 따위를 읽지 않고도 자기의 문제를 잘 해결해 나가는 사람들이기도 하다.

문제는 대다수가 속하는 소희구자로, 그들이 어떻게 적희구자가 될 수 있는가 하는 것이다. 그런데 그런 차원에 있는 사람은 병이 들었다든지 가난하여 당장의 끼니를 걱정할 정도면 도저히 명상을 할 수 없다. 맹자가 말했듯이 "재산이 없어도 마음이 흔들리지 않는 것은 높은 선비나 가능한 것이지, 보통사람은 재산이 없으면 마음이 흔들리게 마련인" 것이다.

따라서 우리는 우리가 처한 현실 차원에서 명상법을 받아들여야 한다. 그리하여 어떤 사람은 명상법을 단지 이해하는 데서 그치더라도 그것으로 충분하다. 또 그보다 나은 조건에 있는 사람이라면 보다 열심히 명상을 실천하게 될 것이다.

따라서 필자는 명상 강의를 할 때 사람마다 조건이 다르다는 것을 기억하려 애쓴다. 그럼으로써 욕망을 없애라는 말을 냉소적으로 듣는 사람을 만나더라도 불쾌하게 여기지 않으며, 나중에 돌아가 잊어버릴지라도 지금 욕망 없애기의 법칙을 경청하는 사람을 아름답게 여기기도 한다.

그리고 이 같은 사정은 인류의 대스승들에게도 마찬가지였었다. 예컨대 예수의 경우에는 산상에서 설교할 때 5천이나 되는 사람들이 몰려왔었다. 그때 유대 민중은 예수에게서 현실적인 이익을 기대하였다. 즉, 그들은 마슬로우의 1, 2단계 차원의 욕망을 예수에게 투사하고 있었던 것이다.

어떤 이들은 예수로부터 유대의 독립을 기대하였는데, 이는 제1단계 욕구와 관련된 것이다. 또 어떤 이들은 예수에게서 2단계 욕구인 소유의 증대를 기대했을 것이다. 그러나 예수의 가르침은 그들의 기대와는 반대되는 것이었다.

"마음이 가난한 자는 복이 있나니 천국이 저들의 것이요…." 예수의 가르침은 이렇게 시작되었다. 그리고 중간중간 예수는 말하였다. "부자가 하늘나라에 들어가기는 낙타가(밧줄이) 바늘귀에 들어가기보다 어렵다." "좁은 문으로 들어가라. 넓은 문은 패망으로 가는 길이다." "마음으로도 간음하지 말라." "남이 네 왼뺨을 치거든 오른뺨을 돌려 대고, 남이 너에게 5리를 가게 하거든 10리까지 동행하라." "너를 핍박하는 자를 위해 기도하라."

이런 가르침은 필자가 앞에서 말했던 바 욕망 없애기와 궤를 같이한다. 따라서 이런 가르침을 들은 군중이 예수에게서 떨어져나간 것은 지극히 당연하다. 그 결과 열두 제자만이 예수의 곁에 남았던 것이요, 예수에게 걸었던 기대가 무너져 짜증이 난 군중이 마침내는 예수를 처형해 버렸던 것이다.

사정은 붓다에게서도 마찬가지였다. 붓다는 어느 때 한 마을을 방문하여 명상법을 가르쳤다. 그런데 다음해에 마을을 방문하였을 때 명상법을 수련한 사람은 한 사람뿐이었다. 붓다 같은 고귀한 스승도 대다수의 사람이 명상을 수련할 수 있도록 이끌지 못했던 것이다.

다만 붓다는 예수와는 달리 그렇게 자신의 기대를 저버린 이들을 심하게 꾸짖지 않았다. 예수는 세속적인 이익에 탐닉하는(저단계의 욕구에 집착하여 높은 단계의 욕구를 일으키지 않는) 사람들을 나무랐다. 심지어는 "이 독사의 자식들아!"라든가 "화 있을진저!"라는 극단적인 용어까지 사용하면서.

예수는 그처럼 낮은 차원의 사람들을 자극하여 마침내 처형되고 말았지만 붓다는 그런 이들을 만나면 담담히 침묵하였을 뿐 화를 내거나 꾸짖지는 않았다. 이 점이 붓다와 예수의 다른 점 가운데 하나였고, 이에 의해서 붓다는 기나긴 교화 기간을 평화로이 보낼 수 있었다.

붓다의 교화 기간은 예수의 열다섯 배나 되었다. 그런데도 붓다는 세상사람들로부터 존경을 받는 일이 많았을지언정 배척당하는 일은 드물었다. 그것은 붓다가 아직 명상을 수련할 만한 조건에 있지 않은 사람에게 명상법을 강요하지 않았기 때문이었다. 붓다는 그런 이들에게 다만 명상의 전단계인, 욕망의 법칙과 욕망의 불이익, 그리고 소희구의 이익을 가르쳤다.

그리고 그보다 더 아래인 사람들, 예컨대 다희구자들에게는 담담히 침묵하여 아무 말도 하지 않았다. 그럼으로써 그들쪽에서도 붓다에게 피해의식을 느끼지 않았고, 구태여 붓다를 십자가에 매달 필요가 없었던 것이다.

그리고 이같은 붓다의 자연스러운 초연함은 위빠사나 명상을 통해 자신의 희구를 완전히 없애버림으로써 가능해진 것이었다. 붓다는 사람들이 자신의 가르침을 받아들이든 받아들이지 않든 개의하지 않았다. 단지 "진리가 여기에 있기에 말하는 것일 뿐" 자신이 명예롭기 위해서 말한 것은 아니었던 것이다. 그리고 소수의 사람들(그러나 수천, 수만 명이나 되었다)이 명상법을 수련하여 성인의 경지에 이르렀다.

이에서 알 수 있듯이 명상법은 저마다 자신이 처한 심리 차원과 조건에 따라 할 수 있기도 하고, 할 수 없기도 하다. 오히려 할 수 있는 사람보다는 할 수 없는 사람이 훨씬 더 많아서 전자는 후자의 백분의 일, 또는 천분의 일밖에 되지 않는다. 따라서 욕망을 없애자는 명상법 강의를 듣고 재미없는 내용이라 여겨 자리를 떠나가는 사람이 많은 것은 도리어 당연하다 할 수 있다.

욕망과 무욕망에 관한 몇 가지 이야기

그러나 우리는 이제 '보통사람'이 아니다. 이제 우리는 부분보다 전체를, 짧은 단위보다 긴 단위를 볼 줄 아는 지혜인 것이다. 따라서 우리는 욕망을 버리라는 법에 거부감을 느끼지 않는다. 그러나 그런 인식을 더욱 충실히 할 필요는 있다. 아직 그런 인식이 확고하게 뿌리박은 것은 아니기 때문이다. 따라서 그 점을 다시 한 번 점검해 보자.

한 소년이 비전의 검법을 배우기 위해 산 속 깊은 곳에 홀로 살고 있는 도사를 찾아갔다.

검법 배우기를 청하여 허락을 받은 다음 소년이 물었다.

"사부님, 제가 혼신의 노력을 다한다면 얼마 만에 검법을 다 익힐 수 있겠습니까?"

"10년쯤 걸리겠지."

그러자 소년이 하소연하였다.

"너무 길군요. 저희 아버님은 연세가 많으시고 어머님도…. 저는 검법을 빨리 배우고 돌아가 부모님을 모셔야 합니다."

소년의 딱한 형편을 듣고 난 도사는 대답했다.

"그러냐? 그렇다면 한 30년쯤 걸릴 것 같구나."

기가 막힌 소년이 항의하였다.

"아니? 조금 전에는 10년이라고 하셨잖습니까? 그런데 이번에는 30년이라고 하시다니요?"

그 말을 들은 사부가 다시 판정하였다.

"네가 그렇게 조급한 것을 보니 한 70년 이상 배워야겠는 걸!"

소년이 검법을 배우는 데 더 많은 시간을 보내야 하는 것은 그가 너무 서두르고 있기 때문이다. 그렇게 서두르는 이상 그는 검법을 배울 때 정신을 집중하지 못하여 능력 계발이 잘 되지 않을 것이고, 따라서 그는 서둘러가면 갈수록 더욱 늦게 목표에 도달하게 된다.

그렇다면 그의 서두름은 어디에서 비롯된 것일까? 재론의 여지 없이 그가 지나치게 욕망했기 때문이다. 그는 자기 형편에 비해 너무 많이 희구했던 것이며, 그 넘치는 부분(욕망)만큼 그의 마음은 조급해진 것이다.

따라서 사부는 소년의 욕망을 발견할 때마다 그가 검법을 다 익히는 데는 더 많은 기간이 필요하다고 말할 수밖에 없다. 소년은 희구하면 희구할수록 희구를 달성하지 못하고, 서두르면 서두를수록 목적지에 더디 도달하는 이치를 모르고 있는 것이다.

1996년도 마스터즈 골프 대회에서 나흘간 경기를 펼치는 동안

줄곧 선두를 달려온 그레그 노먼 선수는 2위인 닉 팔도 선수를 일곱 타를 앞선 상태로 마지막날 경기에 임하였다.

노먼은 이제 우승을 따놓은 것이나 다름없었다. 골프 경기는 보통 한 타나 두 타 차로 우승자가 가려지는 것이 상례이기 때문에 일곱 타나 뒤진 선수가 최고의 컨디션을 유지하고 있는 노먼을 따라잡는다는 것은 불가능해 보였기 때문이다.

그런 대이변은 노먼이 최악으로 자멸하고, 팔도는 최선으로 상승하는 두 조건이 맞아떨어질 때만 가능한 것이었다. 그런데 막상 뚜껑을 열자 그런 결과가 나오고 말았다. 노먼은 팔도에게 대역전패를 당하고 말았던 것이다.

더군다나 노먼은 팔도에 비해 여섯 타 뒤진 점수로 경기를 마감하였다. 그는 한 라운드에서 무려 열세 포인트나 팔도 선수에게 뒤지고 만 것이다. 이것은 세계 일류의 골프 선수들로서는 도저히 상상키 어려운 결과여서 골프 팬들은 아연실색할 수밖에 없었다.

이 경우 노먼 선수는 왜 무너진 것일까. 그것은 재론의 여지 없이 그가 '시합을 연습처럼' 하지 못하였기 때문이다. 그에 비해 팔도 선수는 전날과 다름없이 시합에 임했던 것이다.

'시합은 연습처럼, 연습은 시합처럼'이라는 말이 있다. 그런데 왜 많은 운동선수가 시합을 연습처럼 하지 못하는 것일까. 또 왜 많은 사람들이 여러 사람 앞에 서서 연설하게 되면 안절부절못하고 떨게 되는 것일까.

이 또한 욕망과 관련이 있다. 연습 시 골프 선수는 공을 홀에 넣지 못하더라도 불이익을 당하지 않는다. 그렇기 때문에 마음을 가벼이 갖고 자연스럽게 스윙할 수 있고, 그 결과 공은 홀 속으로 잘 빨려 들어간다.

그러나 시합 때는 다르다. 한 번의 스윙이 실패할 때마다 그에게는 불이익이 따르기 때문에 그는 긴장하지 않을 수 없는 것이다. 따라서 그는 자연스럽게 공을 치지 못하고, 점수는 점점 나빠진다.

특히 단 한 번의 샷으로 승부를 결정지을 경우에는 그 긴장이 극에 달한다. 그리고 이 점은 다른 경기, 예컨대 축구 경기의 페널티 킥 승부 같은 때에도 극명하게 나타난다.

페널티 킥으로 승부를 결정짓게 되는 경우, 다섯 골을 차면 그 중 두세 개 정도가 골문을 벗어나거나 골 키퍼에게 잡히고 마는 예가 자주 생긴다. 심한 경우에는 다섯 골 가운데 한 골밖에 적중치 못하는 경우까지 있다.

평소 실력대로라면 그것은 도저히 일어날 수 없는 현상이다. 만일 그것이 실제 경기가 아닌 연습 때라면 다섯 골 모두, 최소한 네 골 정도는 골인이 되게 마련이다. 그런데 왜 페널티 킥 승부에서 실축하는 선수가 그리 많은가.

그것은 단 한 가지, 거기에 욕망이 걸려 있기 때문이다. 따라서 이 경우에도 예외 없이 지나치게 희구에 집착하면 도리어 희구를 달성할 수 없다는 법칙이 작용되고 있음을 볼 수 있다.

이처럼 욕망은 우리의 잠재능력을 가로막아 그 계발과 발휘를 제한한다. 그리하여 다희구자는 능력 발휘를 통해 정당하게 얻을 수 있었던 소유까지 얻지 못함으로써 불만과 짜증이 생겨나게 된다.

거기에 더하여 다 발휘되지 못한 그의 능력은 몸과 마음 안에 남아 시원통쾌한 정화(카타르시스)를 요구하는데, 이것이 스트레스가 되어 그를 압박하게 된다. 그리고 만일 지나친 희구로 욕망을 달성했다면 거기에는 필경 개운치 못한 면이 있게 마련이다. 편법을 사용했다든가, 정당치 못한 방법을 사용했다는 것이 그것인데, 이런 경우 그의 마음에는 개운치 못한 앙금이 남게 되고, 그것이 그를 괴롭힌다.

그에 비해 욕망 없이 욕구만으로 모든 일에 임하는 사람은 가진 능력을 한껏 발휘함으로써 시원통쾌한 자기 정화를 만끽하는 한편, 소유까지도 정당하게 늘리게 되는 것이다.

욕망을 치료할 방법이 필요하다

그렇다면 어떻게 희구를 버릴 것인가가 문제가 된다. 욕망을 버린다? 그렇다면 아무 마음도 일으키지 말고, 행동도 하지 말라는 것인가? 도대체 살라는 건가, 말라는 건가?

이 질문에 대해서는 앞에서 말한 바 있다. '욕망'을 버리라는 것이지 '욕구'까지 버리라는 말이 아니다. 우리는 성자(무희구자)가 되는 게 목표가 아니라 자아실현자(적희구자)가 되는 게 목표이다. 따라서 우리에게 문제가 되는 것은 희구의 욕망 부분, 즉 지나친 희구일 뿐 적당한 희구까지 문제가 되지는 않는다.

그렇다면 욕망을 어떻게 버릴 것인가? 이것 또한 큰 문제이다. 그리고 필자는 앞에서 마슬로우가 이 문제에 대해서 대답하지 않았음을 지적하면서, 붓다에게 그 해답이 있다고 말했다.

바로 이 점이 붓다가 다른 현자보다 탁월했던 점이기도 하다. 어느 현자치고 소욕지족(小欲知足, 少慾知足)을 가르치지 않은 이가 있었던가. 다만 어떻게 하면 욕망을 줄일 수 있는지 그 방법을 가르친 이들이 적었을 뿐이다.

그것은 예컨대 요령부득이었던 어떤 의사의 경우와 같다.

　감기에 걸린 사람이 의사를 찾아갔다. 의사는 그를 진찰한 다음 말하였다.
　"열이 내리면 낫겠소."
　그러고는 그만이었다. 의사는 열을 내리는 약도 주지 않았고, 열 내리는 방법도 가르쳐주지 않았던 것이다.
　그래서 환자가 항의하자 그는 다시 말했다.
　"꼭 열을 내려야 하오. 그러면 당신의 건강은 좋아질 게 틀림없소."
　그리고 또 말했다.
　"부디 열을 내리도록 하시오. 건강해진 다음의 이익과 즐거움이 얼마나 대단한지 알기나 하오?"

이 얼마나 우스운 일인가 싶지만, 실은 인류의 많은 현자들이 이와 비슷한 가르침만을 남겨놓았다. 착하라, 그러면 매우 좋을 것이다. 욕심을 줄이라, 그러면 천국에 갈 것이다. 남을 도우라, 그러면 복 받을 것이다. 나쁜 일을 하지 말라, 그러면 벌을 받지 않을 것이다… 등등.
　그래서 욕망을 줄여보려고, 그래서 남는 게 생기면 남들에게 나눠주려고 애써 본다. 그렇지만 뜻대로 되지 않는다. 그래서 스승을 찾아가 잘 되지 않노라고 말하면 또 비슷한 이야기를 순환적으로 반복한다.
　불교권 또한 대동소이하다. 그래도 문제가 되는 괴로움이 욕망의

과거의 마음은 잡을 수 없고, 현재의 마음도 잡을 수 없으며,
미래의 마음도 잡을 수 없다.

−〈금강경〉

문제임을 정확하게 지적하긴 한다. 그리고 욕망이 집착을 낳고, 집착에는 즐거움을 붙들려는 집착과, 괴로움을 한사코 거부하려는 두 형태가 있음도 가르쳐준다.

그러나 그것을 어찌하면 좋을까 하고 물어보면 고승들은 대답한다.

"욕망과 집착을 놓으라."

"그렇지만 놓아지지 않습니다. 놓는 데 도움이 되는 무슨 방법이 없겠습니까?"

"그러면 염불을 해보라."

그래서 염불이나 다른 방법을 해본다.

기독교의 기도, 가톨릭의 묵상, 힌두교의 명상 따위도 염불과 비슷한 방법이다. 그리고 그 방법은 약간 효과를 보기도 한다. 그러나 그 효과는 제한적이고 일시적이다. 그래서 또 다시 와서 묻는다. 그러면 스승은 대답하는 것이다. "놓으라는 말이 이미 방법이거늘, 거기에 무슨 방법이 더 있단 말이냐? 놓으라 해서 놓을 수 있으면 상근기(上根機 : 차원이 높은 길을 갈 만함)이고, 그렇지 못하면 하근기이니라!"

이 대갈일성에 풀이 죽는 수밖에 없다. 그러나 "놓으라!"는 한 마디에 놓을 수 있는 사람이 얼마나 있을까? 백만에 하나나 있을까 말까 할 것이다. 예컨대 그런 사람은 예수가 "나를 따르라"고 말하자 당장에 고기 잡던 그물을 던지고 어부를 따랐던 베드로나, "마땅히 머무르는 바 없이 마음을 내라"는《금강경》한 구절을 듣고 마음이 환히 밝아졌던 혜능 대사 같은 이들만이 따를 수 있는 가르침이다.

그런데 우리는 불행하게도 적희구자가 아니라 소희구자 차원에 머물러 있다. 따라서 그런 가르침으로는 효과를 보기 어렵다. 그리고 이런 사정은 위대한 종교서들이 왜 우리에게 그토록 멀게 느껴지는가를 설명해 주기도 한다.

여기에 위대한 길(종교) 하나가 있다. 수천 년 동안 수많은 성인을 배출하고, 기적을 무수히 일으켰던 위대한 길이다. 그러나 그 위대한 종교의 역사를 전하는 경전을 곰곰 따져보면 그것은 앞에서 예로 든 베드로와 혜능의 역사 책에 불과하다.

어떤 위대한 선지자가 "죽은 자여, 무덤에서 나오라"라든가 "문둥병 귀신아, 물러가라"라고 선언하자 죽은 자가 살아나거나, 문둥병이 나았다 하자. 그리고 그 일은 종교의 역사를 빛낸 위대한 승리로 찬연히 기억되어 경전 가운데 금박 글씨로 기록된다.

그러나 잘 생각해 보면 그것은 어디까지나 이긴 자들, 혜택받은 자들의 기록에 불과하다. 무덤에서 나오거나 문둥병이 나은 사람은 고작 하나나 둘에 불과하고, 수천, 수만, 아니 수억 명도 더 되는 사람들은 무덤에서 나오지 못하였으며, 질병에서 헤어나지 못하였던 것이다.

그런데도 그런 실패의 기록은 적지 않고, 한두 명에 지나지 않는 승리자의 일만 대서특필함으로써 마치 그 길이 죽음 자체, 질병 자체를 이기는 길처럼 느껴지게 만든다. 그런데 불행하게도 우리는 그 실패자의 무리에 속하고 있어서 '놓으라'라든가 '욕망을 버리라'는 한두 마디의 가르침으로는 문제가 풀려지지 않는다는 데 어려움이 있다.

이로써 우리는 욕망을 버리고 놓는 '방법'의 필요성을 절감하게 되었다. 그리고 그 방법은 욕망이 생겨나고, 자라고, 증폭되는 법칙을 앎으로써 얻어진다. 그 법칙을 거꾸로 적용하면 그것이 욕망의 자라남을 억제하는 길이자, 증폭을 막는 길일 것이기 때문이다.

십이처, 출발점이자 도착점

먼저 우리는 문제가 되는 욕망이 남의 것이 아니라 나의 것이며, 여기서 나란 감각기관으로서의 우리 자신을 가리킨다는 점을 확인하자. 말하자면 감각기관은 우리의 괴로움과 즐거움이 생겨나고 느껴지는, 그럼으로써 괴로움에서 벗어나고자 하는 욕망과 즐거움을 얻고자 하는 욕망이 일어나는 현장이다. 따라서 우리가 괴로움을 해결하여 즐거움을 성취하는 것도 이 감각기관에서 행해질 것이다.

말하자면 감각기관은 삶이 진행되고 있는 부동의 현장이다. 감각기관은 매 순간마다 어떤 경험을 한다. 그리고 그 경험들이 보다 많이 괴로우면 괴로운 삶을 사는 사람이요, 보다 많이 즐거우면 즐거운 인생을 사는 사람이다.

따라서 오직 감각기관에서 이고득락은 추구되고, 이루어진다. 그리고 감각기관은 동시에 외부의 자극과 정보를 받아들이는 창구이기도 하다. 감각기관은 마음에 있는 것을 밖으로 드러내는 창구인 동시에, 밖으로부터 다가오는 온갖 자극(정보)을 받아들이는 창구인 것이다.

감각기관은 몸에 해당되는 것 다섯 가지와 마음을 합쳐 여섯 가지가 있다. 먼저 다섯 감각기관이 정보를 받아들이는 측면에서 볼 때, 다섯 감각기관은 각각 다음과 같이 짝을 이루며 외부와 접촉한다.

나 : 육입, 육근(六入,六根)	우주 전체 : 육경(六境)
눈(眼 : 안) ┐	색깔-모양(色 : 색)
귀(耳 : 이) ┤	소리(聲 : 성)
코(鼻 : 비) ┼ 오관	냄새(香 : 향)
혀(舌 : 설) ┤	맛(味 : 미)
몸(身 : 신) ┘	감촉(觸 : 촉)
마음(意 : 의)	관념(法 : 법)

십이처(十二處)

다섯 감각기관이 받아들인 것을 여섯 번째 감각기관인 마음이 해석하거나 판단한다. 그런 다음 의도를 일으켜 이번에는 거꾸로 다섯 감각기관을 통해 내보낸다.

외부 정보를 받아들일 때 : 다섯 감각기관 → 마음
내부 의지를 표현할 때 : 마음 → 다섯 감각기관 → 남(나 아닌 다른 사물)

전통적으로 마음을 포함한 여섯 감각기관을 육입(六入)이라고 하는

데, 외부 정보를 받아들인다는(入) 점에서 그렇게 불리게 된 것이다.

그런데 육입은 마음을 밖으로 드러내는 의미도 있어서 이런 의미에서는 육근(六根)이라 부른다. 육군 중에서 지엽말단이 되는 것이 다섯 감각기관이며, 뿌리가 되는 것이 마음이다. 다시 말해서 "마음이 다섯 감각기관에 앞서가며, 그들의 주인인" 것이다.

한편 육근의 짝이 되는 여섯 외부 현상을 육경(六境)이라 한다(마음의 찍은 법[法 : 관념]이다). 그리고 육입과 육경을 한데 묶어 십이처(十二處)라고 한다.

여기서 우리는 세상이 제아무리 넓다고 해도 세상이 우리와 관계를 맺으려면 육경이라는 형식으로, 육입이라는 창문을 통해 들어올 때만 가능하다는 점을 확인하자. 또한 우리가 어떤 행위를 하려면 육근을 통해서 육경이라는 대상에게만 가능하다는 점도 확인해 두기로 하자.

이 확인은 매우 중요하다. 만일 우리가 이 점을 확인하지 않고서 세상의 모든 문제를 논하기 시작한다면 우리는 그 광대한 주제들의 늪에 빠져 허우적거리게 될 것이기 때문이다.

그러나 이미 앞에서 확인했듯이 우리의 문제는 오직 하나, 우리의 삶을 괴로움(불만족)로부터 즐거움(만족)의 상태로 바꿔가는 것뿐이다. 그리고 그같은 이고득락은 오직 이 두 짝 열두 가지가 만나는 거기(십이처)에서만 일어난다. 따라서 이곳이 바로 삶의 현장이요, 우리는 이 삶의 현장을 중심으로 이고득락의 법칙을 이해해야 한다.

붓다는 "나는 괴로움(문제)과 그것을 그치고 없애는 것(문제의 해결)만을 가르친다"고 말했다. 또 "일체(一切)는 곧 십이처이다"라고도 말했다. 이 말은, 우리의 모든 문제는 이고득락의 문제일 뿐이요, 이고득락의 문제는 오직 십이처에서만 일어난다는 것을 의미한다.

십이처, 즉 육입과 육경이 만날 때 우리는 거기에서 즐거움-괴로움을 겪는다. 그리고 거기에 대응하기 위해서 이리저리 움직인다. 이처럼 객체는 육경으로, 육입을 통해 접수되고, 모든 의도와 행위는 육근에서 일어나 육경 쪽으로 나아가는 것이다.

그러므로 한편으로는 수신 시스템이요, 다른 한편으로는 발신 시스템인 육입이 모든 이고득락 문제의 시발점이자 결산점이다. 이 말은 십이처야말로 희구가 일어나는 시발점이자 결산점이라는 의미이기도 하다.

이렇듯 육근과 육경이 만나면 거기에 육계(六界)가 형성된다. 이 6계를 십이처와 합쳐 십팔계라고 부른다.

눈	눈의 계	색깔(모양)
귀	귀의 계	소리
코	코의 계	냄새
혀	혀의 계	맛
피부	피부 접촉의 계	접촉 대상
마음	마음의 계	개념

십팔계

바로 이 '계'가 중요하다. 우리는 여기서 계라는 말을 장(場), 즉 필드(field)로 바꿔서 이해하기로 하자. 계를 잘 이해해 보면 사실 우리는 사실 세상에 사는 것이 아니라 계에서 산다.

이 점에 대해서 필자는 이에 서문에서 간단하게 설명한 바 있다. 여기서 다시 그 부분을 복습해 보기로 하자.

우리의 삶은 마음이라는 장(場, field)에서 이루어진다. 마음이라는 거울이 대상을 받아들여 비치지 않고 있을 때 우리는 살아 있어도 사는 것이 아니다. 예를 들어 잠을 자고 있을 때나 기절하여 까무라쳐 있을 때 우리는 행복하지도 않고 불행하지도 않다. 경험도 하지 못하고, 나의 의지를 표현하지도 못하며, 남에게 이익을 줄 수도 없고, 손해를 끼치지도 않는다.

그러다가 마음이 잠과 기절 상태에서 깨어나 대상을 보고 듣고 인식하기 시작하면, 그때부터 진정한 의미에서의 삶이 시작된다. 바꿔 말해서 마음이 깨어나는 바로 그 순간이야말로 다른 의미에서 천지창조가 이루어지는 개벽의 순간, 즉 '태초'라고 할 수 있다.

같은 방식으로, 실제로 어떤 사실이 일어났다고 해도 그것이 우리의 마음에 포착되지 않을 경우 그 사실과 정보는 행불행으로 작용하지 않는다. 예를 들어 누군가가 내 통장에서 무단으로 돈을 인출해 갔다고 해도 그것을 인지하기 전까지 나는 불행을 느끼지 않고, 한 시간 전에 아내가 병원에서 아들(딸)을 출산했다고 해도 그 소식을 접하기 전까지 나는 행복해지지 않는다. 이런 의미에서도 우리의 감각기관에 어떤 정보가 포착되고 마음이 그것을 인식하는 바로 그때 진정한 의미의 삶, 즉 행불행이 시작되는 '태초'라고 말할 수 있다.

그리고 그렇게 시작된 우리의 삶 또한 마음이라는 이름의 광장에서 진행된다. 마음으로써만 우리를 사랑하고, 미워하고, 생각하고, 의도를 일으키는 것이다. 그리고 그렇게 산출한 의도를 우리는 행동으로 옮긴다. 그러면 행동의 결과는 남(상대방)에게로 옮겨가 같은 방식으로 처리된다. 그 결과 남의 행동이 나에게 되돌아온다. 그 과정에서 우리는 행불행을 경험하게 된다.

이렇듯 우리의 삶은 시작으로부터 끝까지 마음과 관련된다. 따라서 진정한 삶 또한 마음에서 시작되고 끝날 수밖에 없다. 마음이 무엇인지, 마음을 어떻게 사용해야 하는지를 알지 못하고서는 진정한 삶, 차원 높은 삶으로 나아가는 길을 발견할 수 없는 것이다.

이로써 알 수 있는 것은 마음이 거울과 비슷하다는 것이다. 마음은 거울이다. 잠을 자고 있을 때나 기절해 있을 때의 마음은 컴컴한 밤의 거울이고, 깨어난 마음은 빛이 비쳐든 거울이다. 그때 비로소 마음은 외부의 무엇인가를 비쳐 받아들이며, 마음이 그렇게 정보를 받아들인 그 순간 마음은 계·장·필드를 형성한다. 그 장에서 느낌·희노애락·희구·의지 등이 일어나면, 마음은 다시 그것을 행동으로 옮기고, 그 결과를 다시 마음 안에(잠재의식) 저장하는 것이다.

희구는 어떻게 발생하는가

주체로서의 감각기관인 육근과 육경은 6 대 6으로 짝을 이루고 있기 때문에, 이를 육육법(六六法)이라 한다. 그리고 이 육육법이 형성하는 것이 계·장·필드이다. 우리는 육육법에 따르는 계 안에서 매 순간마다 한편으로는 외부 정보를 받아들이고, 다른 한편으로 내부 정보를 밖으로 내보낸다. 이 중 외부 정보를 받아들이는 측면부터 먼저 살펴보고, 그 정보가 어떤 처리과정을 거쳐 행위를 이루어 밖으로 발신되는지를 보기로 하자.

우선 육육법은 동시다발적으로 진행된다는 점을 이해하도록 하자. 우리는 같은 순간에 육육법 중 여러 쌍을 동시에 진행시킨다는 말이다. 이를 이해하기 위해 지금으로부터 5백 년 전쯤, 홍길동이라 불리는 한 청년이 도를 닦기 위해 금강산 유점사 언덕길을 오르고 있다고 해보자.

그때 길동은 눈으로는 주위에 펼쳐진 아름다운 산천을 보는 한편 귀로는 계곡 물 흐르는 소리를 듣고 있었다. 그뿐 아니라 코로는 향긋한 솔잎 냄새를 맡고 있었고, 혀로는 달디단 침을 맛보고 있었다. 더

하여 피부(몸)로는 바람이 스쳐가는 감각을 느끼고 있었으며, 마음으로는 유점사에 계시는 백운 도사를 생각하고 있었다.

이런 식으로 육육법은 동시에 진행된다. 그러나 그 가운데 그때의 주(主)되는 한 쌍이 있게 마련이다. 그리고 그렇게 주가 되는 상이 등장하면 다른 창은 뒤로 물러나게 된다.

아름다운 경치에 넋이 팔리다 보면(눈 : 색깔·모양) 귀에 소리가 들려도 알지 못한다(귀 : 소리). 음악감상에 빠져 있노라면(귀 : 소리) 몸에 파리가 앉아도 알지 못한다(피부 : 감촉). 생각을 골똘히 하고 있을 때는(마음 : 관념) 눈앞에 무엇이 지나가도 알지 못한다(눈 : 색깔·모양). 이런 현상들은 모두 한 쌍의 육육법이 주된 것으로 등장함으로써 다른 쌍들이 뒤로 물러서 버렸기 때문에 가능한 것이다.

주체인 여섯 감각기관과 객체인 여섯 대상이 짝을 이루어 6 대 6으로 만나는 것을 '부딪침(순수인식)' 이라 한다. 바꿔 말해서 부딪침은 곧 계의 형성을 의미한다. 따라서 계에는 모두 여섯 가지가 있다. 이 중 어느 계든지간에 일단 계가 형성되면 동일한 형식으로 다음 과정이 일어난다. 그러나 우리는 여섯 쌍의 계를 모두 다 검토할 필요가 없다. 한 쌍의 계만 이해해도 여섯을 다 이해한 것과 같기 때문이다.

그러므로 우리는 그 중 하나, 예컨대 '눈 : 색깔(모양)' 이 쌍을 이루는 것을 예로 들어 계가 형성된 다음에 어떤 현상이 일어나는지를 보자.

다시 길동의 경우로 돌아가자.

길동은 그때 언덕길을 오르다가 문득 20~30보 앞에서 아리따운 낭자 한 사람이 조붓한 걸음걸이로 걸어오고 있는 것을 보았다(눈 : 색깔·모양).

사실 낭자는 2분 전부터 길동의 눈에 포착되고 있었다. 그런데 길동은 그동안에는 백운 도사를 생각하는 데 골몰하여(마음 : 관념) 낭자라는 정보를 제대로 수신하지 못하고 있었을 뿐이었다.

그러다가 길동이 무슨 까닭에선지 백운 도사를 생각하기를 그치고 낭자를 보았던 것이다. 말하자면, 바로 그 순간에 길동의 주(主) 감각기관은 '생각'에서 '봄(見)'으로 바뀌었던 것이다.

이 순간을 '1'이라고 부르기로 하자. 왜냐하면 우리의 삶의 현장인 계가 바로 이 순간에 형성된 것이고, 삶의 모든 것은 계(장·필드)에서만 이루어지기 때문이다.

모든 운동 경기는 장(場)에서 이루어진다. 축구는 축구장에서, 야구는 야구장에서, 골프는 골프장에서, 탁구는 탁구장에서 이루어진다. 따라서 장(운동장)은 모든 운동 경기의 기본 조건이고, 전제 조건이다. 장이 전제되지 않은 한 어떤 운동경기도 이루어지지 못한다.

그와 마찬가지로 삶 또한 장(계)이 생긴 다음에라야 이루어진다. 눈이 대상을 보아 눈의 장(계)이 형성된 다음에라야 무언가가 이루어지고, 귀·코·혀·피부·마음이 대상을 받아들여 계를 이루어야만 그 다음의 무언가가 진행될 수 있다.

이런 점에서 볼 때 세상은 '그냥 세상'이 아니라 '계로 형성된 세상'이다. 운동 경기가 운동장 밖에서 이루어질 때는 승부와 관련이 없듯이, 세상이라는 것 또한 나의 감각기관을 거쳐서 계를 형성한 다음에라야 의미가 있다.

따라서 붓다는 세상을 보통의 사람들처럼 '그냥 세상'으로 보지 않고 '계로 구성된 세상'으로 본다. 바꿔 말해서 붓다는 세상을 '마음의 거울 안에 비쳐든 세상'으로 본다고 할 수 있다. 세상은 순수한 세상 그것이 아니라 홍길동, 성춘향, 김정빈의 눈에 비친, 비치는 과정에서 홍길동, 성춘향, 김정빈 특유의 감각 · 감정 · 경험 등에 의해 굴절된 이후의 세상인 것이다.

바로 이것을 원효대사는 해골물을 마신 이튿날 아침에 깨달았다. 이것이야말로 "마음이 생기면 일체의 세계가 생겨나고, 마음이 사라지면 일체의 세계도 사라진다"(원효대사가 그때 읊은 시)는 말의 본뜻인 것이다.

마음, 즉 거울이 작동하여 보고, 듣고, 맛보는 등의 감각기관을 통하여 사물을 받아들여 거울 안에 그것이 형성될 때, 그때 비로소 계가 이루어지고, 계가 이루어진 다음에라야 그에 대한 인지 · 분석 · 판단 · 의지를 거쳐 행동이 나올 수 있다. 따라서 십이처가 삶의 현장이라는 말은 곧 계가 삶의 현장이라는 말이고, 따라서 홍길동이 처녀를 맨처음 인지한 바로 그 순간이 삶의 태초, 즉 '삶의 1'이라고 부를 수 있는 것이다.

이런 점에서 볼 때 기독교의 태초는 까마득한 과거의 어느 순간이겠지만, 붓다의 태초는 계가 형성되는 그 순간이다. 즉, 홍길동의 감각기관이 백운도사에 관한 생각에 몰두해 있다가 낭자를 바라보기 위해 눈쪽으로 방향을 바꾼 그 순간, 그리하여 희미하게 비치고 있던 낭자가 길동의 눈에 제대로 포착된 그 순간, 그럼으로써 '눈의 계(眼界 : 안계)가 처음으로 열린 그 순간이 길동에게는 새로운 태초이자, 세상이 처음 열린 천지개벽의 순간이라고 할 수 있는 것이다.

어쨌든 길동에게 눈의 계가 열려서 길동의 안테나에 낭자라는 정보가 걸려 들어오면 그 다음 낭자라는 정보는 길동의 마음이라는 모니터에 떠오르게 되는데, 이를 '그냥봄(순수인식)' 이라 부르기로 하자.

이 그냥봄의 단계는 매우 짧다. 아마도 0.01 정도에 지나지 않을 것이다. 이 단계에서 길동은 낭자가 여자라는 것을 알지 못한다. 그저 '저쪽에 뭔가가 있다' 는 정도만 인지할 뿐이다. 그리고 그때의 인지에는 선입견이나 편견 따위가 개입하지 않고 있기 때문에 매우 순수하다.

그런데 그에 뒤이어 곧바로 다음 단계가 진행된다. 그 단계를 우리는 '알아봄(분별)' 이라고 부르기로 하자. 말하자면 이 단계는 계가 형성된 뒤의 두 번째 단계, 즉 '삶의 2' 라고 부를 수 있을 것이다.

이 알아봄에 의해 길동은 눈에 비친 정보가 여자이며, 여자 중에서도 처녀이고, 처녀이면서도 아리따운 자태를 한 처녀라는 것을 알게 된다. 그렇게 알아본 다음 길동에게는 번개같이 다음 현상이 뒤따르는데, 그것이 '느낌' 이다(삶의 3).

이 단계에서 길동은 이제 마음의 모니터에 떠오른 정보를 좋다거나 싫다고 분별하여 느낀다. 그리고 분별에는 좋음 · 싫음 · 무덤덤함 등 세 가지가 있으므로 느낌 또한 세 가지가 있다(물론 자세히 나누면 이보다 훨씬 많을 것이지만 우리에게는 이 정도로 충분하다).

계의 형성 : 1. 그냥봄 → 2. 알아봄 → 3. 느낌 ┬ 좋은 느낌
                                                          ├ 무덤덤한 느낌
                                                           └ 싫은 느낌

  길동의 경우, 낭자가 무척 아리따웠으므로 그는 눈에 비친 정보로부터 좋은 느낌을 일으킬 것이다. 즉, 그는 쾌감을 느끼는 것이다. 한편, 흥부가 형 놀부에게 뺨을 맞았다고 한다면 그는 알아봄에 뒤이어 싫은 느낌을 일으킬 것이고, 게으른 삽살개 한 마리가 더운 여름날 머루를 바라볼 경우에는 무덤덤한 느낌을 일으킬 것이다(덤덤한 느낌은 머지 않아 좋다거나 싫다는 느낌 쪽으로 흘러가게 된다. 따라서 이 느낌은 좋거나 싫은 느낌에 포함하여 다루면 된다).

  그리고 느낌으로부터 희구가 발생한다. 즉 길동은 낭자를 향해 나아가는 마음을 일으키고, 흥부는 형을 배척하는 마음을 일으키는 것이다. 예컨대 길동은 "저 낭자에게 말을 걸어볼까?" 하는 따위의 마음을, 흥부 또한 "이거 정말 한마디 안 할래야 안 할 수가 없군!" 하는 마음을 일으킨다는 말이다.

  이 희구는 이고득락의 법칙에 따라 일어난 것이다. 누구나 즐거움을 좋아하고 괴로움을 싫어한다는 자연계의 대법칙에 따라 좋은 대상으로부터는 그 좋은 느낌을 연속·강화하고자 하는 마음이 일어나고(득락의 희구), 싫은 대상으로부터는 그 싫은 느낌을 약화·단절시키고자 하는 마음이 일어난 것이라는 말이다.

  여기까지가 정보수신자로서의 과정이다. 그리고 여기서 정보수신

자로서의 역할은 끝나고 발신자로서의 역할이 시작된다. 그렇게 일어난 희구(의도)를 처리하여 밖으로 내보낼 경우, 그는 정보발신자가 되는 것이다.

예컨대 길동은 즐거움을 얻기 위하여 위해 낭자 쪽으로 발걸음을 옮기게 되고, 흥부 또한 괴로움을 벗어나기 위해 입을 열어 "형님, 정말 이러시기요?" 하고 말하게 된다. 그러면 상대방은 상대방대로 그같은 길동과 흥부의 정보를 받아들여 앞에서 설명한 과정을 따라 행동하게 되며, 이 같은 행동 주고받기는 무수히 반복되어진다.

그리고 행동 주고받기가 반복됨으로써 기질이 형성된다. 만일 즐거움을 무절제하게 자주, 강하게 추구하다 보면 그는 지나친 희구자로서의 기질이 형성될 것이다. 한편 적절하게 즐거움을 절제하여 추구한다면 적희구자로서의 기질이 형성된다.

3. 느낌 → 4. 희구의 발생 → 5. 행위(반복) → 6. 기질화

사정은 괴로움의 거부에 대해서도 같다. 만일 지나치게 그것을 거부할 경우에도 다희구자로서의 기질이 형성되고, 절제하여 거부할 경우라면 적절한 희구자로서의 기질이 형성되는 것이다.

되돌아가면 욕망이 그친다

　얼핏 생각할 때, 즐거움의 추구와 괴로움의 거부는 다른 기질을 만들 것 같지만 실은 그렇지 않다. 이는 그네의 원리와 같다.

　여기에 앞쪽은 즐거움이고 뒤쪽은 괴로움인 그네가 있다고 하자. 이 그네를 앞으로 높이 차고 나가면 나갈수록 그 반작용 또한 커진다. 또한 뒤쪽으로 차고 나갈 경우도 그 반작용은 커져서, 앞으로 나가는 것이 뒤로 나가는 데 힘이 되고, 뒤로 나가는 것 또한 앞으로 나가는 데 힘이 된다.

　이같은 작용-반작용의 원리는 즐거움-괴로움의 추구에도 적용된다. 즐거움을 추구하면 추구할수록 괴로움을 거부하려는 기질이 형성되고, 괴로움을 거부하면 거부할수록 즐거움에 탐닉하는 기질이 형성되는 것이다.

　즐거움과 괴로움을 왼쪽-오른쪽으로 보면 제각각 따로 움직이는 서로 다른 두 가지 사물이지만, 그네 전체로 보면 한 몸으로 연결되어 있다. 즉, 앞쪽과 뒷쪽은 자기 홀로 움직일 수 없고, 자기가 움직일 경우 필연적으로 상대쪽은 반대쪽으로 움직이게 된다. 따라서 즐거움-

괴로움은 상반되는 것인 한편 같은 것이기도 하다(이것을 '하나도 아니고, 둘도 아니다[不一不二]'라고 한다). 바로 이 '일체성'을 이해하는 것이 매우 중요하다.

사람들은 '좋은 것은 좋아하고 싫은 것은 싫어한다.' 앞-뒤로 배치된 그네의 원리를 좌-우로 배치하면 시소의 원리가 되는데, 좋은 것을 좋아하고 싫은 것을 싫어하는 사람들의 마음을 여기에 대입하면 이것은 시소를 놓고 '왼쪽을 높이고 오른쪽은 낮추지 않겠다'는 것과 같다. 그러나 그것은 될 수 없는 일이다.

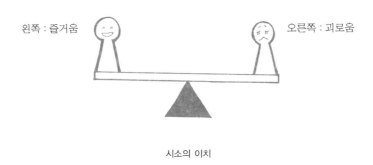

시소의 이치

시소의 왼쪽을 높이면 필연코 오른쪽이 낮아지게 마련이다. 이 이치가 괴로움-즐거움에도 적용된다. 진정한 마음의 평화를 얻으려면 이 이치를 이해하고 있어야 한다. 즉, 좋은 것을 좋아하려면 싫은 것은 너무 싫어하지 말아야 한다. 또한 싫은 것이 싫다면 좋은 일에 대해서 너무 호들갑스럽게 좋아하지 말아야 한다. 즉, 좋음-싫음의 중간에서 균형을 잘 이루어 '좋고 싫음의 시소'를 평형으로 유지하는 것이 매우 중요하다.

이 때문에 붓다는 "사랑하지 마라. 미워도 하지 마라"고 말하였다. 미워하지 않는 것은 당연하다. 그런데 거기에서 더 나아가 사랑까지도 하지 말라고 한 데에는 이런 깊은 의미가 담겨 있는 것이다.

예를 들어보자. 어떤 남자가 말한다. "우리 아들 말야. 듬직한 건 좋은데 영 붙임성이 없어서, 원! 애비에게 스킨십도 하고 하면 좀 좋아?" 다른 어떤 여자도 말한다. "우리 딸은요, 애교가 참 많걸랑요. 그런데 짜증도 잘 내요. 아들처럼 좀 듬직하면 더 이상 바랄 게 없겠어요."

그렇지만 이런 말이야말로 시소의 좌-우를 구별해서만 보고 한꺼번에 보지 못한 사람의 말이다. 바꿔 말해서 아들의 듬직함이라는 왼편의 높이 때문에 붙임성없음이라는 오른편의 낮음이 생긴 것이며, 딸의 애교와 짜증 또한 이처럼 서로 연결되어 있다는 말이다. 따라서 아들의 듬직함이 사랑스럽다면 붙임성없음을 인정해야 하고, 딸의 짜증 내는 성격이 싫거든 애교가 좀 적어져도 수긍해 줄 수 있는 마음가짐이 필요하다. 이것이 시소 전체를 보는 관점이고, 시소의 평형을 유지하는 관점이다.

그러나 보통 사람은 시소를 수평으로 유지하기는커녕 마구 날뛰게 만든다. 좋아한다-싫어한다를 반복, 재반복하는 것이다. 그 결과 강한

기질이 형성되는데, 바로 이것이 마음의 평화를 깨뜨리는 근본원인
이다.

그렇게 형성된 기질에는 다음 네 가지가 있다.

1. 즐거움-괴로움에 아주 민감한 사람 : 다희구자, 강(强)기질자
2. 즐거움-괴로움에 약간 민감한 사람 : 소희구자, 약(弱)기질자
3. 즐거움-괴로움에 민감하지 않은 사람 : 적희구자, 적(適)기질자
4. 즐거움-괴로움에 초연한 사람 : 무희구자, 초(超)기질자

다희구자는 소희구자보다 불행하고, 소희구자는 적희구자보다 불
행하다. 또한 적희구자는 다희구자나 소희구자보다 행복하고, 무희
구자는 가장 행복하다. 따라서 우리의 삶은 다희구자로부터 소희구
자로, 소희구자로부터 적희구자로, 적희구자로부터 무희구자로 향상
되어야 한다.

그러나 지금 당장 더 높은 차원으로 가려고 해도 이미 기질화한 상
태가 우리의 발목을 붙든다. 어떻게 기질화해 있는가? 즐거움-괴로움
에 민감하도록 기질화되어 있다. 따라서 강기질화, 약기질화한 사람
은 즐거움을 만나면 거기에 빠져들고, 괴로움을 만나면 지나치게 배
척한다.

이런 식으로 그네를 양쪽 끝까지 밀어내기를 계속하는 동안 심신은
피로와 스트레스에 시달린다. 그럴 수밖에 없는 것이 즐거움-괴로움의
종류가 너무나 많기 때문이다. 그 하나하나의 즐거움-괴로움마다 그네

뛰기를 계속하여야 하므로, 그가 피로해질 것은 너무나 당연하다.

차원이 낮은 사람일수록 마음을 한곳에 두지 못하고 이리저리 방황한다. 그러다 보니 몸까지도 점잖게 두지 못하여 촐랑거린다. 이런 현상은 그가 즐거움-괴로움에 너무 민감하여 양극 쪽으로만 나아갈 뿐 중심이 서 있지 못함을 의미한다.

중심을 잃을수록 마음은 분산되며, 즐거움-괴로움에 더 민감해진다. 따라서 그는 안정을 잃게 되며, 그 극단이 정신분열 현상이다. 또한 즐거움-괴로움에 너무 민감하다 보면 절제하여야 할 때 절제하지 못하여 불법이나 비양심적인 행위를 저지르게 마련이다.

그러나 정신분열 현상이나 범법까지 말할 것도 없이 마음이 중심을 떠나 이리저리 두리번댄다는 그 자체만으로도 괴롭다고 하지 않을 수 없다. 이에 비해 중심이 확실한 사람은 안정감을 지닌 채 의연하고 당당하게 자신을 제어하고, 세상에 대응해 나가게 된다.

이를 정리해 보면 다음과 같다.

▶ 약기질자 → 강기질자의 길

1. 그냥봄에서 알아봄이 일어난다.

2. 알아봄에서 느낌이 일어난다.

3. 느낌에서 희구가 일어난다.

4. 희구가 조절되지 않으면 욕망화한다.

5. 욕망이 제어되지 않으면 행동화한다.

6. 행동이 반복되면 기질화한다.

7. 기질화한 심신은 즐거움-괴로움에 민감하다.

8. 즐거움-괴로움에 민감하면 시소의 상하 운동의 폭이 커진다.

9. 시소의 상하운동의 폭이 커지면 괴롭다.

그런데 생각해 보면 강기질자이든 약기질자이든 우리의 현재 기질 차원은 우리가 만들어온 것이다. 우리는 지난 세월 동안 지금의 우리 차원밖에 될 수 없도록 마음을 써왔고 행동해 온 것이며, 그 결과가 기질화된 지금의 심신상태라는 말이다. 따라서 우리의 심신상태에 따르는 괴로움이나 즐거움의 책임이 우리에게 있다고 해야 한다.

그리고 우리가 미래에 보다 적은 괴로움과 보다 많은 즐거움을 얻으려면 약기질화한 현재 차원을 적기질 수준으로 향상시켜야 한다. 그러면 어떻게 해서 적기질자가 될 수 있는가?

그 방법은 146쪽에서 보인 2에서 4의 단계마다 실천될 수 있다(1단계에서 실천되는 것은 거의 불가능하다). 예컨대 그것은 다음과 같다 하겠다.

▶ 적기질자(적희구자) → 탈기질자(무희구자)의 길

1. 알아봄에 머물러 있기

2. 느낌에서 알아봄으로 돌아가기

3. 희구(의도)에서 : 희구의 분별, 조절

   a. 욕구 : 문제 없음(장려)

   b. 욕망 : 문제점을 알아 욕망을 그치고 알아봄으로 돌아가기

4. 욕행(慾行, 욕망의 행동)에서 : 욕행을 제어하기

a. 욕행을 그쳐 알아봄으로 돌아가기

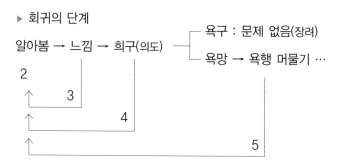

▶ 회귀의 단계

알아봄 → 느낌 → 희구(의도) ┬ 욕구 : 문제 없음(장려)

2 └ 욕망 → 욕행 머물기 …

3

4

5

이상 각 단계에서 요구되는 것이 '알아차림'이다. 알아차림이란 느낌이 일어날 때 "아, 내가 지금 괴로움(즐거움)을 느끼고 있구나." 하고 아는 것을 가리킨다. 이렇게 알지 못하고서는 그가 느낌에서 알아봄으로 되돌아갈 수 없다. 마찬가지로 그는 희구와 욕행의 단계에서 자신의 심리상태를 알아차려야 한다.

그리고 제대로 알아차리기만 하면 그가 지금 어느 단계에 있든 간에 곧바로 그의 상태는 ①로 되돌아가게 된다. 예컨대 그의 마음 ②가 아니라 ③, 즉 어떤 희구를 일으킬 때에도 그가 "아, 내가 지금 지나친 욕심을 내고 있구나…." 하고, 자기의 심리 상태를 잘 알아차리면, 그 순간 그의 심리상태는 '알아차림이라는 이름의 알아봄'으로 바뀐다. 그리고 그 상태는 마음이 관념을 일으킨 '마음'의 단계, 즉 '새로운 태초'가 됨으로써, 마음의 거울에서 욕심이라는 '그림'은 사라지고 새로이 들어선 '알아봄'이 그 자리를 차지하게 되는 것이다.

이것은 마치 어떤 컵에 커피가 담겨 있었던 경우와 같다. 만일 누군가가 그 컵에 물을 닦게 되면 커피는 그 컵에 담겨 있을 수 없다. 마찬가지로 마음에도 한 순간에는 한 가지 대상만이 담길 수 있는데, 이 이치를 이용하여 마음에 욕심(커피)이 담겨 있을 때 그 자리를 알아봄(물)으로 대체하면 자연스레 욕심이 사라지게 된다.

이 이치는 마음에 걱정 근심이 많을 때 유용하게 이용할 수 있다. 그럴 때 우리는 가능한 한 눈을 뜨고 잊어야 한다. 왜냐하면 눈은 감각기관 가운데 정보를 가장 많이 받아들이기 때문이다. 걱정 근심은 육근 가운데 마음에서 일어난다. 따라서 마음에 담긴 걱정 근심을 없애려면 마음 아닌 다른 감각기관, 그중에서는 눈에 정보가 많이 들어오게 해야 하는 것이다.

눈뿐 아니라 마음이 아닌 어떤 감각기관이든 그곳으로 아주 강한 정보가 계속 들어오게 되면 마음에 담겨 있던 걱정근심이 적어지거나 사라지게 마련이다.

고민이 있다고 해서 눈을 감거나, 좁은 방에 틀어박혀 있거나, 움직이지 않거나 하는 것은 사태를 악화시킬 뿐이다. 눈을 감게 되면 눈에서 정보가 유입되지 않음으로써 마음은 더욱더 강하게 근심·걱정·번뇌·상상을 일으키게 되기 때문이다.

따라서 걱정근심이 있을 때에는 눈은 뜨고서 큰 소리를 듣거나, 강한 냄새를 맡거나 등의 다른 감각기관을 활용해야 한다. 또한 넓은 공간, 즉 밖으로 나가야 하고, 가능한 한 몸을 움직여 피부감각을 활성화해야 한다.

그런데 거기에 하나 덧붙여야 할 것이 알아봄이다. 앞에서 설명한 것처럼 알아봄의 단계는 아직 느낌이 일어나지 않은 순수한 마음의 단계이다. 알아봄이 진행되는 0.01초의 순간에도 아무런 번뇌도 근심도 없다. 비유컨대 삶의 태초에 해당되는 그 짧은 순간은 갓 100일이 된 아이의 순진무구한 눈동자에 비친 세상과 삶이 그것과 같다.

그런데 그 짧은 순간에 이어서 느낌이 일어나고, 곧 이어서 온갖 희노애락과 아귀다툼이 벌어진다. 따라서 우리의 휴식처는 알아봄의 그 순간이며, 그 순간을 길게, 또 자주 유지하는 것이 매우 중요하다. 그리고 그 방법이 '어떤 심리상태에 있는 그 상태를 알아차려라' 는 것이다.

이것을 고민이 있는 경우에 대입해 보면, 그때 그는 눈을 뜨고 밖으로 나가 몸을 움직이는 한편, 가능한 한 그러고 있는 자기의 몸과 마음을 알아차려야 한다. 즉, 눈을 뜨면서도 '눈을 뜸' 을, 걸으면서는 '걸음' 을, 움직이면서는 '움직임' 을 알아차리는 것이 좋다. 그러나 이렇게 말해도 잘 이해되지는 않는 것 같다. 그러나 알아차림은 매우 중요하다. 이 알아차림이야말로 위빠사나 명상법 그것이기 때문이다.

알아차림의 신비

이로써 우리 앞에 두 가지 길이 드러났다. 하나는 소희구자로서 다희구자 쪽으로 나아가는 길이고, 다른 하나는 소희구자로서 적희구자 쪽으로 나아가는 길이 그것이다. 전자는 물길을 따라 흘러내려가는 길이요, 후자는 물길을 거슬러 올라가는 길이다.

이 가운데 후자가 명상자의 길이다. 따라서 이제부터 어떻게 하면 명상의 길을 잘 갈 수 있는가가 문제로 등장한다. 그 비법이 알아차림이다. 이 알아차림에 대해서는 앞에서 조금 다루었는데, 이를 보다 쉽게 말하면 '바라봄'이 된다.

'바람봄'은 마음의 단계를 거슬러 올라가게 해준다. 그럼으로써 삶의 형상을 이루어지고, 결과적으로 삶의 많은 문제를 해결해준다. 삶의 차원의 향상이란 다름아닌 '바람봄의 끈질기고 꾸준하고 순수하고 차원 높은 실천' 그것 이외의 다른 아무것도 아니다.

그렇다면 바라봄이란 무엇인가. 그것은 앞에서 보인 2의 순간에 마음을 머물러서 3 이하로 진행되지 않게 하는 것이다.

그리고 만약 마음이 3으로 갔으면, 그 순간에 자기의 마음을 알아차려야 한다. 마음이 4 이하로 갔을 때에도 마찬가지이다. 그리고 3 · 4 에서 이렇게 자기의 마음을 '알아차리면' 그 순간 3 · 4는 2로 되돌아 온다. 대상을 알아차렸기 때문에 2의 느낌과 3의 희구(의도) 및 행동 은 2의 알아봄으로 돌아와 버리는 것이다(커피가 물로 바뀜). 그리고 이렇게 대상을 알아봄(알아차림)에 머물러두면 마음은 매우 순수하고 평화로운 상태가 될 수밖에 없다(100일된 아기). 거기에는 아직 느 낌 · 의도 · 행동이라는 풍랑이 일지 않고 있는 상태이기 때문이다.

길동의 예로 돌아가보자. 바라봄을 수행하려면 길동은 맨 처음 낭 자를 알아본 순간에 마음을 알아봄 자체에 머물러야 한다. 그러기 위 해서는 마음을 대상(낭자) 쪽으로 내보내지 말고, 안으로(알아봄) 끌어 당겨야 한다. 그리고 자기가 지금 대상을 알아보고 있음을 알아채면 서 마음 속으로 '알아봄-알아봄-알아봄…' 하고 이름을 붙여야 한다.

이렇게 자기의 알아봄 자체를 알아차리면 알아차림이라는 정신현 상 때문에 다음 단계에서 일어나게 되어 있는 느낌 현상은 일어나지 못한다.

그렇지만 길동은 알아차림의 초심자이기 때문에 처음부터 그렇게 하기가 어렵다. 그는 그렇게 알아봄 자체의 단계에 머물러 있도록 기 질화해 있지 않기 때문이다. 설령 그가 그렇게 하려 하더라도 그는 "내 마음이 내 마음대로 안 되는 걸!" 하고 중얼거릴 것이다. 이 경우 알아차리려고 하는 마음보다 그렇게 안 되는 마음 쪽의 힘이 더 센 것 을 알 수 있는데, 그 힘센 마음이 바로 기질화한 마음이다.

그러나 그 낭자가 매우 아리따운 처녀가 아니고, 그저 심상해 보이는 남자였다면 그는 대상을 보다 쉽게 알아차릴 수 있을 것이다. 그것은 그 대상이 길동을 더 민감하게 자극해 오지 않고 있기 때문이다. 이처럼 대상이 강한가 약한가와 자신의 기질이 강한가 약한가에 따라 그때그때마다 알아봄에 머물러 있을 수도 있고, 그렇지 못할 수도 있다.

그런데 길동은 기질화가 강한데다 낭자라는 정보 또한 강하게 길동의 마음을 끌어당기기 때문에 길동은 다음 단계인 느낌을 일으키게 되었다. 그러나 그때에도 방법이 있다. 길동은 그때에도 역시 그 상태를 알아차리면 되는 것이다.

만일 길동이 낭자 쪽으로 끌려가는 마음을 거둬들여 자기에게서 일어난 즐거운 느낌을 응시하면서(알아차리면서) 마음 속으로 '느낌-느낌-느낌…' 하고 이름 붙인다면 그때에도 느낌은 약화되고, 마침내는 사라진다.

그러나 길동은 그 기회도 놓쳐버렸기 때문에 세 번째 단계인 희구를 일으킨다. 그리고 그때 기회가 또 한번 주어진다. 그때에도 길동은 희구를 바라보면서(알아차리면서) '희구-희구-희구…' 또는 '의도-의도-의도…' 하고 이름붙여야 한다. 그러면 낭자를 어찌해 보자는 의도가 사라져 처음 단계인 알아봄으로 돌아갈 수 있다.

그러나 그 기회까지도 놓침으로써 희구는 자라난다. 그런데 희구가 적절한 선(욕구)까지 자라는 것은 문제가 되지 않는다. 예컨대 길동이 지금 총각이고, 결혼을 해야 할 시점에 있다면 길동이 처녀에게 말을 붙이는 것 따위가 문제되지 않는 것이다.

도리어 그 경우라면 권장할 일이기까지 하다. 이렇듯 희구가 일어났을 때 그 희구를 분별하여 적절한지 부적절한지를 밝혀야 한다. 그런 다음 적절하다고 생각되면 당당하고 힘차게 그 욕구를 추구하여야 한다.

그러나 희구가 지나쳐서 욕망으로 변했을 때에는 즉시 그것을 중지해야 한다. 적어도 그 욕망을 행동으로 드러내어서는 안 되는 것이다. 이것이 도덕률에 따르는 억제, 즉 참음이다. 그리고 세상의 윤리 도덕이 거의 이 항목에 대해 말하고 있기도 하다.

이 억제는 욕망, 즉 악을 자라지 못하게 한다. 만일 욕망에 따라 무절제하고 부도덕하게 행동한다면 그는 악을 저지르게 되고, 그 악은 상대방의 반격을 부를 것이다. 또한 그렇게 악을 저지르는 것 자체가 자기의 심신을 나쁘게 기질화하기 때문에, 그는 안팎으로 자신에게 손해되는 일을 한 셈이 된다. 따라서 현재 악을 행하고 있는 중일지라도 멈출 수 있어야 한다.

그러나 악을 멈추어 참는다는 것이 반드시 좋은 것만은 아니다. 악을 저질러 괴로움을 확대한 것보다는 낫다 하더라도, 참음 자체가 괴로운 일이기 때문이다. 따라서 참는 차원보다 더 높은 차원의 길이 필요하다. 악을 멈추어 참는 인악(忍惡)이 아니라 없애버리는 제악(除惡)이 필요하다는 말이다.

그 제악의 비결이 또한 알아차림, 즉 바라봄이다. 욕망이 일어났을 때와 욕망의 행위를 하고 있을 때에도 알아차려 바라보기만 하면 알아봄이라는 맨 첫 단계로 회귀할 수 있다는 말이다.(알아차림으로 번역

된 말은 고대 인도 언어인 빠알리[Pāli]어의 사띠[Sati]를 옮긴 말인데, 번역자
에 따라서 바라봄 · 주시[注視] · 주의[注意] · 유의[留意] · 봄[見] · 통찰[洞
察] · 관찰[觀察] · 마음 집중 · 마음 챙김 등 여러 용어로 표현되기도 한다.)

마음 되돌리기를 연습하자

이상 설명한 것처럼 알아차림을 사용하여 희구를 감소시켜 나감으로써 우리는 소희구자에서 적희구자로 향상할 수 있다.

여기에서 우리가 희구 자체를 부정하는 것이 아니라 욕망으로서의 희구를 부정한다는 점을 재삼 확인해 두어야겠다. 앞에서 말했듯이 정당한 희구인 욕구는 문제가 되지 않을 뿐 아니라 권장하여야 한다. 따라서 정당하게 추구할 만한 욕구라면 있는 힘을 다하여 추구함으로써 자신의 가진 능력이 남김없이 발휘되도록 하여야 한다.

자신이 가진 능력 이상을 바라는 것이 잘못임은 앞에서 말했거니와 가진 능력을 사용치 않고 낭비하는 것도 잘못이다. 그렇게 되면 남들에게 이익을 줄 수 없게 됨은 물론이거니와, 자기에게도 개운치 않은 구석이 생기게 된다.

물론 '욕구'일지라도 '욕망'과 다름없이 '자신'을 위해서 추구된다. 그러나 욕구의 추구는 자신의 이익과 함께 남들의 이익에도 기여하는 면이 있다. 예를 들어 돈을 많이 버는 것은 자신을 위한 것이다. 그런데 정당하게 돈을 버는 것은 자기의 이익을 추구하는 동안 산업이 발달하고, 고용인들에게 임금을 줄 수 있는 등의 부수적인 효과가 생겨난다. 또한 성취한 부만큼 세금을 낼 것이며, 그 세금은 공공의 이익을 위해 쓰여짐으로써 그는 자기의 이익을 추구했는데도 불구하고 '본의 아니게' 남들을 이롭게 하기에 이른다. 따라서 정당하게 욕구를 추구하는 것을 나무라서는 안 된다(다만 무희구자를 추구하는 차원[승려]에서는 그것까지도 포기해야 한다).

이 점을 전제한 다음 지나친 희구, 즉 욕망을 다스려 보자는 것이 이 책의 목표이다. 이런 전제 아래 살펴본 결과 우리의 희구가 적절한 선을 넘어 능력보다 두세 배쯤 많다는 것이 밝혀졌다(소희구자).

우리는 욕구와 욕망을 함께 가진 사람이며, 우리의 능력은 거북으로 자라는 데 비해 희구는 토끼처럼 자라고 있다. 따라서 우리는 욕망을 없애고 욕구만을 남겨야 하며, 그러기 위해서는 마음을 흐르는 대로 내버려 두어서는 안 된다. 즉 우리는 마음 되돌리기, 즉 알아차림을 통한 회귀를 실천해야 한다.

그렇다고 해서 하루의 모든 시간을 회귀에 바칠 수는 없다. 여기서 현명한 주부의 포트폴리오를 음미해볼 필요가 있다. 우리도 그 주부처럼 중요한 일을 해가면서 사이사이 회귀 연습을 해야 하는 것이다.

하루 중에는 꼭 처리해야 할 일이 많다. 하루의 3분의 1 정도는 그런 필요에 의해 움직여진다. 예컨대 직장에서 일하는 여덟 시간이 그런 때라 하겠다. 이런 시간에 우리는 적당한 희구(욕구)를 추구해야 한다. 그리고 나머지 3분의 1 동안에는 잠을 자야 한다. 이렇게 되면 3분의 1이 남게 되는데, 이때가 회귀를 연습하기에 좋은 때이다.

물론 이 여덟 시간 중에도 꼭 필요한 일을 처리해야 할 때가 있을 수 있으므로 실제로 회귀를 연습할 시간은 하루 두세 시간 정도가 될 것이다. 물론 조건이 더 좋은 사람은 더 많이 회귀 연습을 할 수 있겠다.

이것을 현명한 주부의 살림살이에 대입해 보자. 현명한 주부는 백만 원 가운데 70만 원을 우선 급한 생활비로 쓰고, 30만 원을 미래에 투자했었다. 그런데 우리는 스물네 시간 가운데 스물두세 시간 정도를 급한 쪽에 쓰고, 단지 한두 시간 정도만 회귀 연습을 하면 되고, 이로써 충분한 것이다.

이처럼 회귀 연습을 할 경우 그 회귀 연습이 생활을 하는 데 부담을 주지는 않는다. 따라서 너무 힘겹지 않게 노력할 수 있고, 시간이 지나면서 그 보람이 나타나게 된다. 회귀 연습이 무르익어 욕망이 줄어듦으로써 같은 소유로도 더 많이 만족하게 된 것이다. 이것은 현명한 주부가 5년 뒤에 적금을 타는 것과 같다.

그리고 그같은 만족에 의해 사물과 자신을 보다 정확하게 볼 수 있게 된다. 그리하여 받아들이는 정보의 오류가 적어지고, 판단도 보다 정확해진다. 그러다 보니 일에 능률이 오르고, 능력도 더 많이 발휘할 수 있게 된다. 그럼으로써 현실적으로도 이익을 보고, 미래를 위해서도 기질화의 정도를 약화시킬 수 있게 되었다.

이것은 마치 현명한 주부가 탄 적금에서 이자가 발생한 것과 같다. 또는 백만 원씩 받던 급료가 얼마쯤 오른 것과도 같다 하겠다. 이런 식으로 회귀를 연습해 나간다면 그는 현재도 좋고 미래도 좋은, 현실에 등한하지 않으면서도 이상을 포기하지 않는 매우 훌륭한 삶을 사는 것이다.

그런데 일이 이처럼 쉽게 풀리지 않는다는 데 문제가 있다. 그것은 우리가 지난 세월 동안 너무 강하게 희구 증가의 방향으로 흘러옴으로써 그 흐름이 기질화되었기 때문이다. 따라서 새삼스럽게 연습하려는 물살 거스르기(회귀)가 쉽지 않은 것이다.

회귀를 연습하는 데는 다음 세 형태의 실패와 성공이 따른다.

1. 욕망의 행동을 저지른 다음 회귀를 기억한다(실패).
2. 욕망의 행동을 저지르려 할 때 회귀를 기억한다. 그러나 욕망에 이끌려 나간다(실패. 그러나 연습이 되어 나중의 회귀에 도움이 된다).
3. 욕망의 행동을 저지르려 할 때 회귀를 기억하여 마음을 거둬들인다(성공).

이상 세 결과는 기질의 강약 정도와 자기를 끌어당기는 대상의 강약 정도에 따라 달리 나타난다. 그런데 하루 중에는 마음을 강하게 끌어당기는 대상이 있는 때와 그렇지 않은 때가 있다.

예컨대 길동이 낭자를 만났을 때나 흥부가 뺨을 맞았을 때는 대상이 강하게 마음을 끌어당기는 때이다. 그에 비해 삽살개가 머루를 바라볼 때는 대상이 강하게 마음을 끌어당기지 않는 때인 것이다.

하루 중에는 이 세 번째 시간이 가장 많다. 길을 걸을 때, 하릴없이 시간을 보낼 때, 식사를 할 때, 차를 마실 때, 심심할 때 등등이다. 대부분의 사람들은 이런 때 생각을 딴곳으로 내보낸다. 그러나 회귀를 연습하는 사람은 그래서는 안 된다.

이때야말로 회귀를 연습할 매우 좋은 때인 것이다. 이때 자기가 지금 어떤 대상과 접촉하고 있는지를 살펴서 눈이 대상을 보고 있다면 보고 있음을 알아차리고, 귀가 소리를 듣고 있다면 듣고 있음을 알아차려야 한다. 또한 코로 냄새를 맡고 있다면 냄새 맡음을 알아차리고, 혀로 맛보고 있을 경우에도 맛보고 있음을 알아차리는 것이 유익하다. 나아가 몸이 감촉할 때에도 감촉을 알아차리고, 마음이 생각할 때에도 생각함을 알아차려야 한다.

이렇게 알아차리되 그 중 가장 두드러진 한 쌍만을 알아차리면 된다. 그러면 알아차린 시간 만큼, 또 알아차린 정도만큼 회귀를 연습한 것이다. 그리고 그 회귀 연습이 쌓이고 쌓이면 대상이 강하게 마음을 끌어당기는 상황에서도 대상에 끌려가지 않게 된다.

원심의 마음과 구심의 마음

　이것은 마치 평상시에 훈련해 놓은 군대를 유사시에 사용하는 것과 같다. 마음이 즐거움이나 괴로움에 끌려가지 않고 있는 보통때에 회귀를 연습하는 것은 평상시에 군대를 훈련하는 것과 같고, 그렇게 연습된 마음으로 유혹을 받거나 화가 일어날 때 대상 쪽으로 마음을 빼앗기지 않는 것은 유사시에 군대를 사용하는 것과 같다는 말이다.

　그리고 이렇게 회귀가 잘 연습된 사람은 공부나 일을 할 때 공부와 일에 몰두할 수 있다. 마음을 대상에 빼앗기는 것은 마음이 분산된다는 뜻이며, 대상에 빼앗기지 않고 알아봄에 머문다는 것은 마음이 모아져 있다는 뜻이다. 그런데 분산된 마음은 공부나 일에 집중되지 못하여 능률을 내지 못하고, 모아진 마음은 공부와 일에 집중되어 능률을 내게 된다.

　이런 이치 때문에 회귀 연습자는 욕망은 줄이지만 능력은 계발, 발휘하게 된다. 따라서 회귀 연습 속에는 적회구자로서의 조화로운 삶의 비밀이 들어 있다. 얼핏 상반되어 보이는 소욕지족과 능력 계발이 성격은 다르지만 잘 화합하는 부부처럼 여기서 만나는 것이다.

그리고 회귀 연습에 잘 숙련되면 마침내 십이처에 머무는 것이 당연하게 된다. 이것은 기질화된 상태를 약화시켜 마침내 적기질에 이르렀음을 의미한다. 이렇게 기질이 순화되면 즐거움-괴로움에 덜 민감하게 되고, 따라서 삶의 희비애락에 대해 초연한 자세를 가진 자아실현자가 되는 것이다.

이렇듯 회귀 연습은 중요하고, 꼭 해야만 하는 것이다. 그런데 강기질자나 약기질자는 유사시가 아닌 평소에 이를 연습하라고 하여도 그나마도 잘 하지 못한다는 데 문제가 있다.

그들은 이미 즐거움-괴로움에 너무 민감하게 기질화해 있다. 따라서 유사시가 아닌 평상시, 즉 무덤덤하여 즐거움도 괴로움도 잘 일어나지 않는 때가 오면 즉시 덜 심심한 것을 찾아헤매기 시작한다. 그렇지만 앞에서도 말했듯이 시소를 왼쪽으로 누르면 누를수록 오른쪽으로 튀어오른다. 그런데 이 누르기를 양쪽에서 반복해 온 것이 강기질자와 약기질자들이다.

따라서 이들에게는 왼쪽과 오른쪽을 왕래하는 경향이 강하다. 그런데 무덤덤한 평상시는 즐거움(왼쪽)도 아니고 괴로움(오른쪽)도 아닌 중간 느낌의 때를 가리킨다. 이때 보통사람은 그 무덤덤함을 견디지 못하여(심심하여) 재빨리 즐거움을 찾아 마음을 움직이게 마련이다.

따라서 길을 걸을 때 걷고 있음을 알아차리지 않고 도착해서 애인과 이야기 나눌 생각에 빠져 있다. 그나마 그런 즐거운 생각에 빠져 있으면 또 다행이겠으나, 어떤 경우에는 도착해서 웃어른에게 꾸중들을 걱정을 하는 경우도 있다. 이런 식으로 강기질자와 적기질자의 마음은 심심함을 견디지 못하게 기질화해 있어서, 회귀가 잘 연습되지 않는 것이다.

회귀 연습이란 지루함 견디기라고 말할 수 있다. 심심함·무덤덤함·지루함 따위를 싫어하지도 않고 좋아하지도 않으면서 다만 알아볼 수 있는가 없는가가 요점이다. 만일 이렇게 할 수 있다면 그는 즐거움과 괴로움이 닥쳤을 때에도(유사시) 그것을 그다지 좋아하거나 싫어하지 않을 수 있을 것이다.

그리고 그같은 초연함에 의해 평화가 시작된다. 그러니까 평화란 시소의 양편 끝에서가 아니라 중간에서 얻어지는 것이다. 시소의 중간에 서서 즐거움을 바라보거나 괴로움을 바라보면 즐거움은 두 배가 되고, 괴로움은 사라져버린다. 여기에서는 높은 평화와 안정, 순수한 기쁨, 행복이 생겨나는 것이다.

왜 즐거움은 두 배가 되는가. 실제로 즐거움을 느끼면서 그 느낌을 관찰해 보면 알 수 있다(사랑하는 자녀를 품에 안고 행복감을 느끼면서 그 느낌을 관찰해 보자). 그렇게 해보면 즐거움을 느끼는 첫 번째 마음과, 그것을 응시하는 두 번째 마음이 있음을 알 수 있고 두 마음 중 첫 번째 즐거움은 자칫 욕망으로 흐를 수 있는, 순수치 않은 즐거움일 수 있다. 그러나 거기에 알아차림이 있으면 그 즐거움은 순수한 것으로 바뀐다.

그것은 즐거움이라는 왼편 끝에 있던 감정이 시소 중간으로 오는 것과 같다. 그리하여 시소는 수평을 이룬다. 즐거움의 반작용으로서의 문제가 없어진다는 말이다(나중에 자녀가 실망스러운 일을 하더라도 그때 "내가 너를 얼마나 사랑해 주었는데!"라고 말하지 않게 된다). 이 말은 명상자는 알아차림에 의해 즐거움을 한껏 누리되 욕망은 일으키지 않는, 적희구자와 무희구자들이 누리는 매우 순수하고, 높고, 아름답고, 고귀하고, 평화롭고, 신비한 즐거움을 맛보게 된다는 것을 의미한다.

괴로운 느낌에 대해서도 마찬가지이다. 보통사람들은 이를 거부하면서 시소의 작용-반작용의 힘을 증가시킨다. 그러나 수행자는 이 또한 담담하게 응시, 관찰하면 약화되거나 사라지도록 만든다. 이렇게 되는 것은 두 가지 이유 때문이다. 괴로움이 기질의 영향 아래 일어났을 경우 응시, 관찰은 기질을 약화시킨다. 따라서 악성 기질이 순화되면서 괴로움이 사라지는 경우가 있다.

예를 들어 돈에 집착하면 마음은 물론 몸까지도 똘똘 뭉친다. 이 뭉침은 몸과 마음을 강하게 기질화하는데, 이 기질화가 큰돈을 잃었을 때 괴로움의 원인을 이룬다. 그 괴로움은 마음에서도 일어나지만, 어떤 경우엔 몸으로까지 옮아가기도 한다.

그래서 끙끙 앓아 드러눕고 만다. 그런데 그가 만일 매우 세밀하고 철저하게 자기의 괴로움을 알아차리면 몸이 개운하게 낫는 경우가 있다. 이 경우 그는 돈에 집착했던 기질을 순화함으로써 그같은 효과를 얻어낸 것이다.

두 번째로는 알아차림이 괴로움을 대신하기 때문에 괴로움이 사라지는 경우가 있다. 매우 세밀하게 알아차림만이 연속될 경우 알아차림이라는 정신현상만이 진행되게 됨으로써, 괴로움을 느끼지 못하게 되는 것이다.

그러나 이것은 어디까지나 알아차리기를 매우 잘 했을 경우이고, 대부분의 강기질자와 약기질자는 이렇게 하지 못한다. 그들은 회귀보다는 흐름에 더 익숙하기 때문인데, 이 말은 그들의 마음이 원심적(遠心的)으로 작용한다는 말과 같다.

돌을 줄에 매달아 빙빙 돌리면 원심력과 구심력(求心力)이 함께 생겨난다. 원심력은 밖으로 튀어나가려는 돌의 힘을 가리키고, 구심력은 돌을 끌어당기고 있는 줄의 힘을 가리킨다.

이와 같이 마음에도 밖으로 나아가려는 힘과 안으로 끌어당기려는 두 힘이 있다. 이것을 시소에 대입한다면 마음은 왼쪽(즐거움)과 오른쪽(괴로움)으로 달려 나가려는 힘과 그런 힘을 중심에 두려는 힘이 있다는 말이 될 것이다.

또한 이 말은, 마음이 자신에게서 일어나고 있는 상황을 알아차리고 있으면 구심적인 마음이요, 자신을 떠나 대상에게로 향하고 있으면 원심적인 마음이라는 말이다. 이럴 때 마음에서는 희구 발생, 증가의 법칙에 따라 느낌 → 희구 → 욕망 → 욕망의 행위가 차례로 일어난다.

가는 곳마다 주인이 되고, 있는 곳마다 참되어라.

─임제(臨濟) 선사

구심력 기르기

　원심력의 법칙에 따르는 것은 괴로움으로 나아가는 길이요, 구심력을 따르는 것이 행복으로 나아가는 길이다. 평생의 이고득락을 결정하는 것은 마음을 원심력적으로 작용하도록 방치하여 더 많은 욕망을 일으킬 것인가, 구심력적으로 작용시켜 욕망을 줄임으로써 적절한 욕구만으로 살아갈 것인가 하는 데 달려 있는 것이다.

　견물생심(見物生心)이라는 말이야말로 마음이 원심력으로 작용함으로써 욕망이 생겨난다는 이치를 잘 말해준다. 무언가를 보았기 때문에 희구가 생긴다. 그런데 그때 마음을 알아차리면 희구는 거기서 그치거나 욕구 수준으로 하향, 안정되지만, 그렇지 못하면 증가하여 욕망화하는 것이다.

　그러나 많은 사람들이 원심력의 법칙으로 살아가려고 할 뿐 구심력의 법칙으로 살아가려고 하지 않는다. 그들은 도리어 더 많은 것을 보려 하고, 더 많은 것을 들으려 하는 것이다. 그것은 그들이 더 많은 즐거움을 추구하기 때문이요, 그 추구에 의해 그들은 더 많은 괴로움이라는 반작용에 직면하게 된다.

확실히 현대는 고대에 비해 물질적으로 매우 풍족해졌다. 현대인은 고대의 황제도 누리지 못했던 많은 소유를 누리고 있다. 그렇다면 현대인은 고대인보다 더 행복한가? 지능지수라는 것이 있으므로 행복지수라는 것도 있다고 치고, 현대인의 행복지수는 반드시 고대인보다 높을까?

이 질문에 대해 선뜻 그렇다고 대답하지 못하는 것은 우리가 이미 논의해 온 바로서 잘 설명할 수 있다. 현대인은 소유의 양을 늘렸지만 그에 비례하여 희구량 또한 커졌다. 이것은 현대인이 더 많은 것을 봄으로써 더 많이 희구하였다는 것을 의미한다. 따라서 현대인은 고대인에 비해 더 행복하지 않은 것이다.

이 사실로부터 절대빈곤보다 상대빈곤이 더 우리를 괴롭힌다는 것도 알 수 있다. 모두가 가난했던 고대에는 가난한 것이 당연하였다. 따라서 사람들은 가난이 가난인지도 몰랐고, 그 때문에 괴로움을 느끼지 않았다. 그러나 모두 부유해진 마을에서 어떤 사람 하나만 덜 부유하다면, 그의 부유한 정도가 고대 황제 정도 된다 하더라도 그는 괴로움을 느끼게 되는 것이다.

따라서 고대인이 현대인보다 더 행복했다고도 말할 수 없고, 현대인이 고대인보다 더 행복하다고도 말하기 어렵다. 다만 고대인 가운데 보다 더 행복했던 사람과 불행했던 사람이 있고, 현대인 또한 그러할 것이다.

다만 현대인이 고대인에 비해 불리한 점 한 가지는 분명히 있다. 현대인은 고대인에 비해 더 많은 것을 보고 들어야 한다. 따라서 현대인은 고대인에 비해 희구량을 빠르게 늘려 나갈 수밖에 없다(넘치고 넘치는 광고의 홍수를 보라).

물론 현대인은 그에 못지않게 고대인보다 소유량 또한 빠르게 늘려 나갈 수 있으므로, 그 점은 서로 상쇄된다. 그러나 이렇게 빠르게 몸과 마음을 써야 한다는 사실 자체는 분명히 괴로운 것이지 즐거운 것이 아니다. 마음이란 고대인이든 현대인이든 간에 느리고 유유할 때 편안해지는 법이기 때문이다.

빠르고 강하게 현대인을 당기는 사회 조건들, 그것들이 현대인을 원심적으로 살게 유도한다. 그러다 보니 현대에 이르러 구심력이 약한 사람이 많이 생겨나게 되었다. 그것이 정신분열이요, 자아상실증이라는 것이다.

몇 해 전 뉴욕에 갔을 때 큰 소리로 중얼거리면서 걷는 사람을 여러 차례 본 적이 있었다. 이들은 마음을 대상에 너무 많이, 강하게 빼앗겼던 사람들이라 하겠다. 그들은 그만큼 구심력이 약해져서 자신을 지그시 응시하지 못한다. 웬지 모르게 자신이 두렵고, 자신 안에 공포스러운 무엇인가가 있을 것만 같은 느낌이 드는 것이다.

그런데 얼마 전에 필자는 서울에서 그와 비슷한 사람을 보게 되었다. 이제는 서울도 뉴욕 못지않게 마음을 원심적으로 끌어당기는 대상들이 많아졌다는 증거가 아닐 수 없다. 그리고 이런 경향은 갈수록 심화되리라 생각한다.

예를 들어 청소년들이 가수나 모델·탤런트·스포츠맨을 좋아하여 기성을 지르는 행동 따위도 원심적인 마음에 의한 것이라 할 수 있다. 마음의 구심력이 약하기 때문에 대상에 마음을 빼앗기는 것이다. 나아가 이성에게 유혹당하는 것, 돈에 유혹당하는 것, 명예에 유혹당하는 것 또한 원심이 구심보다 강할 때만 일어난다.

많은 방송매체, 신문과 잡지들, 여러 가지 쾌락을 자극하는 시설과 기구들⋯. 현대인은 구심력이 약화될 수밖에 없는 불리한 정황에 놓여 있다. 그런데도 이런 문제를 어디서부터 어떻게 다뤄야 하는지를 가르쳐주는 사람은 드물다.

그 결과 아래 세대일수록 원심력이 구심력보다 큰 경향을 나타낸다. 예를 들어 요즘 청소년들은 눈으로는 교과서를 보면서 귀로는 음악을 듣는다. 그와 동시에 입으로는 껌을 씹고, 손으로는 볼펜을 돌리며, 발가락은 연방 까딱거린다. 그뿐 아니다. 그러는 사이사이 이마의 머리카락을 쓸어올리는가 하면 2~3분마다 창 밖을 멀거니 바라보는 것이다.

환경적 요인에 의해서이든 자기 스스로의 노력 부족에 의해서이든 이런 심리상태는 바람직하지 못하다. 그리고 그런 심리상태에 있는 사람은 다희구자 또는 강기질자가 되기 쉽고, 다희구자 · 강기질자는 필연적으로 악을 저질러 남을 해치거나 자신을 해치기에 이르기 때문이다.

그러므로 구심의 마음을 기르는 일, 원심의 마음을 약화시키는 일은 매우 중요하다. 이는 가능하면 어릴 때부터 연습해야 할 가장 중요한 인성교육이기도 하다. 전인교육이라느니, 덕성교육이라느니 하는 말이 자주 들리고 있지만 이보다 더 근본적인 전인교육 · 덕성교육은 없다. 알아차림에 의해 구심력이 충실하게 갖추어지기만 하면 저절로 인격과 덕성은 완성에 가까워지기 때문이다.

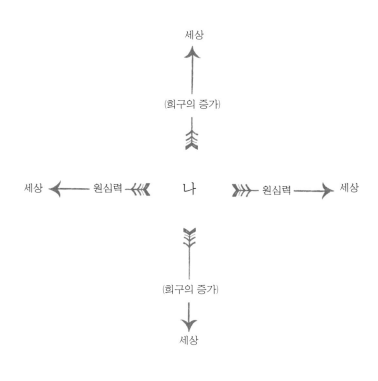

원심의 마음과 구심의 마음

집중과 알아차림

지금까지의 탐구를 통해 구심의 힘을 길러 마음이 대상에 빨려 나가지 말아야 한다는 것이 밝혀졌다. 그러나 강기질자나 약기질자는 유사시에 그렇게 하기 어려우므로, 평상시에 마음의 회귀를 연습해야 한다.

그렇게 회귀를 연습하다가 적절한 때가 되면 알아차림이라는 다음 방법을 사용하여야 한다. 즉, 회귀해 돌아와 여섯 감각기관에서 일어나고 있는 현상을 알아차려야 하는 것이다. 그러면 즐거움은 욕망 없는 순수한 즐거움으로 바뀌고, 괴로움은 객관화를 거쳐 약화, 소멸된다. 즉, 다음 두 단계로 심리 향상이 연습되어야 한다.

1. 회귀 : 구심의 힘으로 대상에 끌려가는 마음을 회귀시킨다.
2. 알아차림 : 알아차림으로써 욕망을 순화시킨다.

이상 두 단계의 노력을 통해 우리는 집중력과 지혜를 계발할 수 있다. 회귀는 주로 집중력을 길러주고, 알아차림은 지혜를 길러주기 때문이다.

회귀가 집중력을 길러줄 수 있는 까닭은, 회귀를 통해 구심점으로 돌아온 의식은 분산되지 않은 의식이기 때문이다. 즐거운 대상을 찾아 밖을 향해 이리저리 헤매는 마음은 분산된 마음이고(원심의 마음), 어지러이 이리저리 헤매는 그 마음을 안으로 끌어당겨 구심점에 머무는 것은 집중된 마음인 것이다(구심의 마음). 따라서 회귀를 연습하여 구심의 능력을 키움으로써 이리저리 분산된 의식은 집중된 의식으로 향상된다.

집중력이 향상된 사람은 일할 때 일에 몰두하고, 공부할 때 공부에 몰두하며, 경기에 임할 때 경기에 몰두할 수 있다. 따라서 회귀 연습은 능력의 계발, 발휘를 통해 정당하게 소유량을 늘리는 데 큰 도움이 된다.

한편 알아차림은 지혜를 계발시켜 준다. 자신의 감각기관에서 일어나고 있는 현상을 면밀하게 알아차려 나가는 동안 그는 몸과 마음이 따르고 있는 법칙을 알게 되는 것이다. 여섯 감각기관이란 결국 몸과 마음이다. 그리고 몸과 마음은 합쳐져서 자기(自己), 자신(自身), 나(我) 등으로 불리운다.

"너 자신을 알라"는 말이 있다. 그러나 어떻게 하면 자신을 알 수 있는지 말해 주는 사람은 드물다. 이야말로 "고양이 목에 방울을 달자. 그러나 그 방법은 모른다"는 이야기가 아닐 수 없다. 그런데 알아차림이야말로 자신을 아는 유일무이한, 그리고 가장 분명한 방법이다.

자신을 알려면 자신을 살펴보아야 한다. 그 살펴봄(관찰)이 알아차림이다. 몸에서 일어나고 있는 변화, 마음에서 진행되고 있는 변화를 있는 그대로 살펴보는 것, 그를 통해서 우리는 몸과 마음이 어떤 법칙에 따라 괴로움과 즐거움을 경험하는지를 알 수 있다.

또한 몸과 마음이 어떤 법칙에 따라 외부 정보를 받아들이며, 어떤 법칙에 따라 그것을 분별, 판단하고, 어떤 법칙에 따라 의도를 일으켜 마침내 행동하는지를 알게 된다. 나아가 그 행동이 어떤 식으로 기질화를 강화하고, 그 기질화가 어떤 법칙에 따라 우리를 행-불행으로 이끌어 가는지를 알 수 있다.

이 앎이 지혜이다. 이 지혜는 일반적으로 일컬어지는 지혜, 즉 지식과는 의미가 다르다. 자신에 대해 아는 것은 지혜이고, 자신 아닌 것에 대해 아는 것은 지식이다. 마음에 대해 아는 것은 지혜이고, 사물에 대해 아는 것은 지식이다. 행-불행의 근본 법칙을 아는 것은 지혜이고, 지엽 법칙을 아는 것은 지혜이다.

직접 보아서 아는 것은 지혜이고, 간접적으로(책, 가르침 따위) 아는 것은 지식이다. 경험적으로 아는 것은 지혜이고, 비경험적으로(이론적으로) 아는 것은 지식이다. 분명하게 아는 것은 지혜이고, 애매하게 아는 것은 지식이다. 세밀하게 아는 것은 지혜이고, 둔탁하게 아는 것은 지식이다.

이렇게 지혜와 지식을 구별할 경우 지혜는 오직 자신의 심신현상을 면밀하고 분명하게 알아차리는 데서만 얻어질 수 있다. 그리고 이 지혜에 의해서 우리는 문제의 연속으로부터 벗어날 수 있게 된다. 다시 말해서 지혜를 성취하면 괴로움으로부터 벗어나 즐거움을 얻게 된다는 말이다.

알아차림은 이렇듯 매우 신비한 결과를 낳는 정신능력이다. 알아차린다는 것은 곧 아는 것이다. 그리고 알아차림에 의해서 지혜의 정수(精髓), 최고봉, 완전한 상태를 실현했을 때 깨달음을 얻었다고 표현된다. 알아차림은 실로 이런 엄청난 경지를 가능케 해주는 놀라운 정신력인 것이다.

붓다(Buddha)는 깨달으신 분이라는 말인데, 이때의 깨달음은 집중과 알아차림을 통해서 지혜의 정수를 얻어낸 것을 가리킨다. 이로써 붓다 또한 집중과 알아차림이라는 두 정신력으로 인류 최고의 경지를 성취했음을 알 수 있다.

물론 깨달음이라는 말은 일반적으로도 쓰인다. 그런데 그때에도 그것은 앎을 의미한다. 무엇을 깨달았다는 말은 무엇을 알았다는 말인 것이다. 다만 붓다가 깨달음을 얻어 지혜를 완성했다고 말할 때의 깨달음은 그것보다 전체적이며 본질이요, 직접적이며 근원적이요, 비약적이며 완전무결하다는 차이가 있다.

붓다는 그 깨달음을 집중과 알아차림이라는 두 정신력을 사용하여 성취하였고, 그럼으로써 문제의 연속 자체를 끊어 성자(무희구자)가되었다. 그리고 자신이 갔던 길을 다른 이들에게 권함으로써 그들 또한 자신과 같은 해탈·열반의 경지로 이끌 수 있었다.

거기에 더하여 비록 해탈·열반에는 이르지 못하였을지라도 적희구자나 그에 근접한 경지에 이른 제자도 많았다. 비단 승려로서만 그런 경지를 성취할 수 있었던 것이 아니었다. 겉모양이 승려였든 승려가 아니었든 그것은 문제가 아니었다. 문제는 그가 깨달음의 법칙을 충실하게 따르고 있느냐 그렇지 않느냐에 있었을 뿐이었다.

깨달음의 법칙은 곧 마음의 법칙이다. 마음은 일정한 법칙에 따라 의식하고, 인식하고, 느끼고, 결합하고, 의지(意志)를 일으켜 마침내 행위를 유도한다. 또한 마음은 일정한 법칙에 따라 그같은 과정으로부터 자유로워져 해탈, 열반을 성취하기도 한다.

따라서 문제는 이같은 마음의 법칙을 모른 채 괴로운 흐름 쪽으로 흘러갈 것이냐, 이를 알아 괴로움이 사라져 최고의 즐거움과 행복, 평화가 있는 쪽으로 나아갈 것이냐에 달려 있다. 따라서 붓다는 자신이 깨달았고, 제자들에게 가르친 진리를 법(法)이라고 불렀다.

법은 법칙 · 이치 · 원리를 뜻하는 인도 고대어 담마(Dhamma, Dharma)라는 말을 옮긴 것이다. 따라서 붓다의 가르침은 불법(佛法)이라고 불리었는데, 이 말은 그의 가르침이 종교가 아니라는 뜻을 담고 있다.

예컨대 붓다는 이렇게 말하고 있는 것과 같다. "내가 가르치는 바는 법칙이다. 이것은 특정한 종교 신념에 의지하여서만 성립하는 것이 아니다. 이것은 인간이라면 누구나 예외 없이 적용되는, 공공(公共)한 원리인 것이다."

따라서 붓다는 자신의 가르침을 내세우기 위해서 다른 종교와 논쟁하려 하지 않았다. 또한 제자들에게도 그같은 무익한 일을 하지 말 것을 권했다. 그런 논쟁은 사물과 자신을 사물, 자신으로 보는 보통사람들의 차원에서나 성립하는 것이다. 따라서 사물과 자신을 있는 그대

로 보는 사람(붓다, 성자)과 그러고자 하는 사람(붓다의 제자)들에게 있
어 그런 논의는 백해무익할 뿐이었던 것이다.

지금과 과거-미래, 여기와 저기-거기

　이상 설명한 알아차림의 명상을 붓다는 위빠사나(Vipassana)라고 불렀다. 이 명상법을 실천하는 문제에 대해서는 생활 속에서 하는 경우와 집중수련을 하는 경우로 나누어 생각해 볼 수 있다. 즉 집중수련에 대해서는 이 책에서 논하지 않겠다. 그런 수련은 위빠사나 명상을 전문적으로 지도하는 명상원이나 사원에 들어가서 배우게 되기를 바란다.

　명상의 두 가지 형식 중 우리가 당장에 숙련해야 할 일상생활 속에서의 수련은 마음을 '지금-여기(here and now)'로 되돌리는 연습이라고 바꿔 말할 수 있다.

　삶이 원심력에 대한 구심력의 싸움이라고 말할 수 있다는 점은 166쪽에서 이에 설명했다. 마음이 대상과 접촉할 때 대상이 나를 끌어당기느냐 내가 대상을 끌어오느냐에 따라 삶의 승패가 갈린다는 말이다. 따라서 삶은 나와 대상간의 줄다리기라고 말할 수 있다.

　즐거운 대상을 만나면 마음은 대상에 이끌린다. 그때 대상에 끌려가려는 마음을 되돌릴 수 있느냐 없느냐에 따라 유혹에 지기도 하고,

유혹을 이기기도 한다. 그런데 이쪽의 구심력은 일정한 데 비해 대상 쪽의 원심력은 약할 때가 있는가 하면 강할 때도 있다.

예컨대 이쪽은 미들급인데 대상 쪽이 헤비급이라면 그 경기는 보나마나 대상 쪽의 승리로 귀결될 것이다. 따라서 그때 우리의 마음은 유혹에 지거나(즐거운 느낌의 경우), 분노를 폭발시킨다(괴로운 느낌일 경우). 그러나 대상 쪽이 밴텀급으로 다가오면 여유롭게 그 유혹을 물리치거나 참을 수 있는 것이다.

그런데 대상 쪽의 오고 오지 않음은 내 마음대로 할 수 없다. 따라서 나의 구심력을 헤비급 수준으로 길러놓으면 매우 유익하다. 그럴 경우 우리는 마치 든든한 추를 넣은 오뚜기처럼 결코 넘어지지 않을 것이기 때문이다. 물론 오뚜기도 흔들리긴 한다. 그러나 머지 않아 몸을 일으키게 되는데 그것은 오직 추의 힘 때문이다.

그 힘이 바로 구심력이다. 만일 구심력을 매우 강하게 키우기만 한다면 전신이 추로 된 오뚜기처럼 될 수도 있을 것이다. 그런 사람이라면 아예 처음부터 흔들리지 않을 터이므로 모든 문제가 초기에 봉쇄되어 버릴 것이다. 공자가 "나는 나이 마흔에 유혹받지 않았다"고 말했을 때의 심리차원은 이런 경지가 아니었을까 생각해 본다.

따라서 마음의 구심력을 기르는 일은 매우 중요한데, 구심력은 시간적으로는 '지금'에 마음이 머무는 데서 생겨나고, 공간적으로는 '여기'에 머무는 데서 생겨난다. 그리고 당연하게도 마음을 과거나 미래로 내보내면 구심력이 약화되며, 저기와 거기로 내보낼 경우에도 사정은 같다.

그러므로 우리는 176쪽에서 보았던 도표를 다음과 같이 바꿔서 그릴 수 있을 것이다.

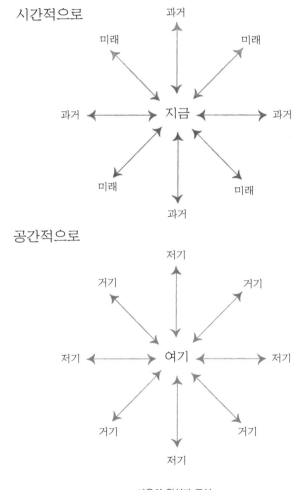

마음의 원심과 구심

그런데 시간적으로 과거·미래로 나아가는 마음은 공간적으로는 필연코 저기·거기로 나아가게 마련이다.

따라서 지금과 과거·미래를 대비하여 이해하면 그것이 곧 여기와 저기·거기를 이해하는 것이 된다. 이렇듯 둘은 동일한 패턴으로 짜여져 있지만, 여기에 관해서만은 다음 두 가지로 나눠 이해하는 것이 좋다.

1. 내가 처해 있는 현장
2. 내 몸과 마음

앞의 것은 일상생활을 명상화할 때의 '여기'이고, 뒤의 것은 경행 명상이나 좌선 명상을 할 때의 '여기'이다. 그런데 지금은 일상생활을 명상화하는 단계를 다루고 있으므로 전자만 이야기하기로 하였다.

마음은 구심력이 약할 때 과거와 미래, 저기와 거기로 나아간다. 예컨대 구심력이 약해지면 과거에 행했던 일을 기억하여 후회하기도 하고, 즐거움을 되새기기도 한다. 또한 미래에 이런저런 일이 있기를 기대하기도 하며, 이런저런 일이 있을까봐 걱정하기도 한다.

그런데 후회를 하는 것과 즐거움을 되새기는 두 일은 같은 것의 양면이어서 동일하게 다루면 된다. 기대와 걱정 또한 사정은 마찬가지다. 나아가 과거에 대한 것과 미래에 대한 것도 시소의 원리에 따라 동일한 것의 작용-반작용으로 일어나므로 결국 같은 것이라 볼 수 있다.

이처럼 구심력이 약할 때는 과거, 미래로 마음이 나아가는 데 비해 구심력이 강하면 지금(현재)에 강하게 머물 수 있다. 또한 저기와 거기로 마음을 보내어 떠돌지 않고 여기 현장에 머물 수 있는데, 이런 사람이 충실한 삶을 살게 된다.

삶이란 시간적으로는 현재-현재-현재…의 연속으로 이어지는 것이다. 사실 과거와 미래는 없는 것이다. 그렇다면 기억되는 과거는 무엇이며, 추리되는 미래는 무엇인가. 그것은 상실하는 현재, 증발하는 현재, 덧칠하는 현재에 불과하다.

과거는 과거 자체로 우리를 괴롭히거나 기쁘게 하지 못한다. 다만 현재화하여 기억됨으로써만이 우리를 괴롭거나 혹은 기쁘게 할 수 있다. 따라서 과거는 없다. 단지 현재화한 과거가 있을 뿐이다.

따라서 그것은 과거 자체라기보다는 현재이다. 현재의 필요에 의해서, 여러 가지 굴절과 채색을 거쳐서, 예컨대 ''와 '''가 덧붙여진 과거인 것이다.

예를 들어 30년 전의 어린 시절이 아름다웠다고 추억하는 사람이 있다고 하자. 그는 우선 현재를 아름답게 누리지 못하기 때문에 과거를 추억하게 된다. 이처럼 현재의 필요에 의해 과거는 추억된 것이기 때문에 그것의 바탕은 현재이다. 또한 그가 아름다웠다고 추억하는 과거가 실제로 아름다웠던 것은 아니었다. 거기에는 얼마간 그의 마음의 채색 행위가 덧붙여져 있는 것이다.

세상에서 제일 큰 것 같았던 마을 앞 정자나무는 타향살이 20년, 어른이 되어 다시 보면 왜 그렇게 작아 보이는 것일까. 이런 예에서 우리는 마음이 과거를 실제보다 더 크거나 작게 굴절하여 기억한다는 것을 알 수 있다.

알고 보면 그가 아름다웠다고 추억하는 과거 또한 마찬가지이다. 대체로 많은 사람들이 과거를 아름답게 추억하는 경향이 있다. 심지어는 고생까지도 아름답게 느껴지는 것이 과거의 일이다. 그런데 거기에도 얼마간 마음의 속임이 작용하고 있다.

과연 30년 전 나의 어린 시절은 아름다웠을까. 그것을 알아보려면 지금의 어린이들을 살펴보면 된다. 지금 내 곁에서 놀고 있는 어린이는 행복한가. 행복하기도 하지만 평범하기도 하다. 우리의 어린 시절 또한 그 정도였을 것이다. 그런데도 30년이라는 세월이 그 평범했던 어린 시절을 아름답게 채색한다.

사정은 미래 쪽으로도 같다. 10년 후를 아름답게 그려보는 사람은 10년 후 그 아름다운 삶을 실제로 살게 되는 것일까. 그 또한 지금의 나를 보면 자명해진다. 지금이야말로 10년 전에 그토록 아름답게 꿈꾸었던 그 10년 후이기 때문이다.

거리의 마술에 속지 말라

삶은 오직 현재-현재-현재…의 연속일 뿐이며, 여기-여기-여기…의 연속일 뿐이다. 이 지금, 여기 아닌 것들, 예컨대 과거와 미래, 저기와 거기란 실제가 아닌 관념 속에서만 존재한다. 말하자면 그것은 '현찰'이 아닌 것이다.

우리는 현재-현재-현재…에서 괴로움과 즐거움을 느낀다. 과거의 괴로움도 현재화하여야만 느낄 수 있고, 미래의 즐거움도 현재화하여야만 느낄 수 있다. 그런데 그렇게 현재화한 과거·미래는 현재이지 과거가 아니다. 따라서 현재만이 삶의 유일한 현찰이다.

같은 이치에서 여기만이 삶의 현장이다. 저기의 문제 또한 여기(몸과 마음 : 여섯 감각기관)가 접수하여야 계를 형성한 다음에만 나를 괴롭히거나 즐겁게 하는 자료로 사용된다. 따라서 저기와 거기의 문제 또한 여기의 문제에 종속되어 있다. 요컨대 우리는 지금, 여기를 기반으로 살아가고 있으며, 또 그래야 하는 것이다.

따라서 모든 생각을 지금을 기점으로 하여 출발시켜 과거와 미래를 생각한 다음 지금으로 되돌아와 마무리지어야 한다. 그리고 여기를 출발점으로 저기와 거기로 나아간 다음 여기로 되돌아와 생각을 마무리지어야 한다.

그것은 요컨대 1인칭으로부터 출발하여 2인칭-3인칭으로 거쳐 다시 1인칭으로 되돌아옴을 뜻한다. 왜 이렇게 생각하고 행동하여야 하느냐 하면 그럴 때만이 구심력이 길러지고, 삶의 유일한 현찰인 현재-현재-현재…를 가장 잘 사용할 수 있기 때문이다.

현재-현재를 충실하게 사는 것이 과거에 대한 가장 훌륭한 반성이다. 현재-현재를 가장 충실하게 사는 것이 미래에 대한 가장 훌륭한 준비이다. 또한 여기-여기를 충실하게 사는 것이 저기와 거기를 가장 잘 사는 것이기도 하다.

그럼에도 불구하고 많은 사람들이 과거와 미래, 저기와 거기에 생각을 보내어 떠돌아 다니느라고 지금-여기라는 현찰을 낭비한다. 그 결과 가진 능력조차 다 발휘하지 못하고 만다.

현재-현재에 충실한 사람은 일할 때는 일하는 현재에 머문다. 또 놀 때가 되면 노는 현재에 머물러 진정으로 놀지만, 과거와 미래에 마음을 내보내도록 습관화된 사람은 그와 반대로 행동하게 된다.

그는 현재에 너무 많이 미래를 생각하지만, 막상 생각해 두었던 미래가 오면 거기에 머물지 못하고 새로운 미래 쪽으로 마음을 내보낸다. 저기와 거기를 자주 생각하는 사람 또한 막상 저기와 거기에 가면 또 다른 저기, 거기를 생각하느라고 그곳에서 살지 못하는 것이다.

이것은 습관의 문제이다. 마음을 지금-여기에 머물도록 습관 들인 사람은 미래에 가서도 마음을 지금-여기에 머물게 하지만 과거·미래와 저기 · 거기에 떠돌도록 습관 들인 사람은 미래에 가서도 마음을 과거 · 미래와 저기 · 거기로 내보내게 마련인 것이다.

이같은 마음 떠돌기 현상은 사물을 있는 그대로 보지 못하는 사람일수록 심하다. 그는 사물을 '사실대로' 보지 않고 '바라는 바에 따라서' 본다. 그랬으면 좋겠다는 '자기 생각'과, 실제로 그럴 수 없는 '사실'을 분별하지 못하는 것이다. 그리고 그런 편차로부터 희구의 양이 증가하고, 희구량이 지나치게 많으면 지금-여기가 불만스러워진다.

그 불만이 마음을 과거 · 미래와 저기 · 거기로 내보낸다. 현실의 불만은 그렇게 무마되고, 얼버무려지고, 도피되는 것이다. 따라서 마음을 지금-여기로부터 떠나보내는 것이 희구 증가를 가져오고, 희구 증가가 또한 마음을 지금-여기로부터 떠나보내게 된다는 것을 알 수 있다. 이런 식의 꼬리에 꼬리를 무는 악순환이 반복되는 동안 그는 소희구자로부터 점점 다희구자 쪽으로 흘러간다.

필자는 이 이치를 '거리(距離)의 마술'이라 부르고 있다. 먼 것은 아름다워 보인다. 오랜 것 또한 아름답고 신비해 보인다. 이처럼 공간적이든 시간적이든 거리가 멀어지면 마술 효과가 발생하게 되는데, 이를 거리의 마술이라 부르게 된 것이다.

남의 떡이 커 보이고, 남의 잔디가 더 푸르러 보이는 것은 거리의 마술 때문이다. 실제로 남의 떡이나 잔디가 더 좋은 것이 아닌데도 멀기 때문에 그렇게 보이는 것이다.

〈산 너머 남촌〉이라는 노래 또한 거리의 마술로부터 생겨난다. 실제로는 산 너머 남촌이라 해서 특별히 아름답고 신비한 마을은 아니다. 그곳 또한 내가 서 있는 북촌과 대동소이한 마을인 것이다. 그렇지만 남촌이 이곳으로부터 멀기 때문에 신비스럽게 비쳐진다.

〈언덕 위의 하얀 집〉이라든가 〈고향의 푸른 잔디〉라는 노래가 이렇게 해서 생겨난다. 어디 그뿐이겠는가. 어린 시절의 추억을 노래하는 수많은 노래와 시와 그림이, 미지의 세계를 추구하는 하고 많은 소설이 그렇게 생겨나며, 미래의 우주전쟁을 묘사하는 영화가 그렇게 생겨나고, 문화권마다 있게 마련인 신화들이 그렇게 생겨난다.

그리고 그 극치가 천국이다. 천국은 어디 있는가. 카시오페아좌에 있는가, 안드로메다 성운에 있는가. 아마 옛사람들은 별세계 어디쯤에 있으리라 생각했을 것이다. 그러나 천문학이 우주의 신비를 웬만큼 벗겨버린 현대에 이르러 이제 별들은 별들이 아니게 되어버렸다.

별들 또한 지구와 다름없는 항성이거나 혹성이다. 그러니 별의 나라와 하늘나라 또한 지구와 별 다름이 없을 것이다. 마치 남촌이 북촌과 별 다름 없듯이. 그러나 하늘나라쯤 되고 보면 멀어도 너무 멀기 때문에 사람들의 환상은 잘 깨어지지 않는다. 하기야 캐나다와 뉴질랜드의 환상조차도 잘 깨어지지 않는 터에 하늘나라의 환상이 깨어지기는 어렵다.

분명한 사실은 캐나다든 뉴질랜드든 간에 환상을 갖고 이민 간 사람은 실패한다는 점이다. 이민 가서의 미래, 이민 가서의 저기에 마음을 두었던 사람은 실패하고, 지금, 여기에 충실했던 사람들이 거기 가서도 성공하는 것이다.

그러므로 천국에 가리라고 미리 너무 많이 환상을 일으킨 사람 또한 천국의 삶에 실패할지 모른다. 그에 비해 지금-여기에 충실하게 살면서 마음을 깨끗하게 갖고 행위를 올바르게 한 사람이 천국에 가서도 성공할 것이다. 이렇듯 환상은 우리를 구렁텅이로 몰아넣는 큰 적이건만 사람들은 그를 사랑하여 그 품에서 벗어나지 못한다.

그런데 거리의 마술이라는 적은 알고 보면 나 자신이 만든 것이다. 마술이 나를 속인 것이 아니라 내가 스스로 마술을 만든 것이다. 나의 불만족이 그런 마술을 불러들인 것이요, 나의 다희구가 그런 마술을 가능케 한 것이며, 나의 지혜 없음이 그런 마술을 간파하지 못한 것에 지나지 않는다는 말이다. 따라서 거리의 마술이 나를 불행케 했다면 그 책임은 오직 나에게 있을 뿐이다.

내일을 위해 걱정하지 말라. 내일 일은 내일 걱정해도 충분하다. —예수

지금-여기

따라서 우리는 지금-여기에 머물러 살기를 연습해야 한다. 그리고 그렇게 하는 것이 위빠사나 명상법의 첫 단계인 일상생활에서의 명상이다. 마음이 지금에서 떠나 과거·미래에서 떠돌 때 돌이켜 지금으로 돌아와야 한다. 또한 마음이 저기와 거기에서 헤맬 때에도 마음을 돌이켜 여기로 돌아와야 한다.

그것만 충실하게 할 수 있으면 자아실현자가 되는 것은 시간 문제라 할 수 있다. 자아실현자들은 지금-여기를 충실하게 사는 사람에 다름아닌 것이다.

자아실현자들은 중대한 일이 닥치면 그 중대한 일을 지금-여기에서 한다. 그러다가 그 일이 끝나고 사소한 일이 닥쳐올 때에도 그 사소한 일을 지금-여기에서 한다.

그들은 이 두 일 가운데 앞의 것은 중대하고 뒤의 것은 사소하다는 점을 분명히 분별한다. 그렇지만 그렇다고 해서 앞의 것은 열심히 하고, 뒤의 것은 대강 하지는 않는다. 중요한 일은 그것에 필요한 만큼의 힘을 들여서 할 뿐 지나치게 힘을 들여 너무 열심히 하지 않는 대신, 사소한 일은 그것에 필요한 만큼의 힘을 들여하면서 게으름을 피우거나 대충하지 않는 것이다.

이렇듯 자아실현자는 국가의 운명을 좌우하는 결정도 힘들이지 않고 내리는가 하면, 강아지와 노는 일 따위도 세심하고 정성스럽게 한다. 이런 자아실현자의 생활태도를 이해할 때만이 링컨의 인격이 이해될 수 있을 것이다.

링컨은 국가대사를 매우 간명직절하게 처리하곤 하였다. 그런데 남북전쟁이 일어나 나라가 둘로 나뉘고 수많은 사상자가 나오는 국가대사를 처리하던 사람이 사생활로 돌아와서는 매우 유머가 있고 장난스러운 태도를 보이곤 하였던 것이다.

마슬로우에 따르면 자아실현자는 일상생활에서도 특이한 행복이나 희열을 느낀다. 그들은 매일 걷는 일상적인 길에서도 새로움을 느끼는데, 그것은 그들의 마음이 걸을 때 걷는 현장에, 걷는 현재에 있음으로써 가능해진 것이다.

마음이 과거-미래에서 떠도는 사람이라면 어떻게 담장 밑에 핀 달개비꽃의 신비스러운 아름다움을 알아볼 수 있겠는가. 오직 마음이 지금-여기에 머물러 있는 사람만이 늘 같아 보이는 산, 늘 같아 보이는 하늘, 늘 같아 보이는 날씨, 늘 같아 보이는 나무, 늘 같아 보이는 사람들, 늘 같아 보이는 생활 속에서도 남들이 발견하지 못하는 신비와 즐거움, 기쁨과 비밀을 발견하게 되는 것이다.

우리의 마음이 지금-여기에 충실하게 머물 수만 있다면 우리는 지금보다 훨씬 더 많은 기쁨과 행복을 누릴 수 있다. 그리고 지금을 알지 못했던 수많은 인생의 비밀 또한 알게 될 것이다. 그리고 그런 사람만이 위빠사나 명상의 다음 단계로 나아갈 수 있다.

"만족의 때를 미래에서 바라는 것, 행복의 장소를 저기와 거기에서 구하는 것은 수평선을 잡기 위해 배를 몰아 달려가는 선장과 같다." 그는 결코 수평선을 잡을 수 없을 것이다. 수평선은 다가간 만큼 멀어지는 법이기 때문이다.

그러나 그가 만일 달리기를 멈추고 조용히 자기의 발 밑, 즉 배의 밑바닥을 본다면 수평선은 오래 전부터 거기에 있어 왔음을 알게 될 것이다. 알고 보니 그는 이미 목표에 도달해 있었던 것이다! 그 발 밑 —그것이야말로 다름아닌 지금-여기이며, 우리가 붙잡아야 할 금 같고, 옥 같은 '현실'인 것이다.

제3부

마음 다스리기 _ 실습

연습 1 ★ 바라봄 터득하기

1. 준비

앉는 곳은 맨바닥이어도 좋고, 의자여도 좋다. 지금 있는 자리에서 편안한 자세로 앉아 눈을 감는다.

2. 기다림

가만히 기다린다. 그러면 다음 여섯 가지 중(六根 : 육근)에서 어느 한 가지가 두드러지게 마음을 자극해 오는 것을 알 수 있다. 즉, 그 때 우리는

　　가. 눈에 무엇인가가 보인다(눈을 감았지만 무언가가 보일 수 있다. 적어도 컴컴한 것을 볼 수는 있다. 처음부터 그렇기는 어렵지만 나중에는 눈에서 빛 같은 것이 보이기도 한다).

　　나. 귀에 소리가 들린다.

　　다. 코에 냄새가 맡아진다.

　　라. 혀에 맛이 느껴진다.

　　마. 피부(몸)에 감촉이 느껴진다.

　　바. 마음에 상념이 일어난다.

　이상 여섯 가지 중에서 한 가지가 가장 강하게 감각을 자극해 오는 것을 느낄 수 있다.

3. 몸을 바라봄

그가 만일 초심자라면 그는 여섯 가지 중에 몸을 자극해 오는 것을 느끼는 경우가 많다. 조용한 곳이라면 소리가 들릴 리 없고, 눈에도 특별한 것이 보이지 않으며, 코, 혀, 마음에서도 별다른 것이 자극해 오지 않는다. 그럼으로써 자연 몸을 의식하게 되는데, 따라서 의식되는 몸을 자연스레 바라보면 된다.

몸을 바라본다는 것은 몸을 안다는 것이다. 눈을 감은 상태에서 몸을 쳐다보면 몸이 의식되는데, 이것이 몸을 바라보는 것이다. 물론 이때 몸을 보는 것은 인식(마음)이지 육안으로서의 눈은 아니다.

4. 한곳을 선택하여 바라봄

몸을 바라보면 몸에서 여러 가지 현상이 일어나고 있음을 알 수 있다. 어깨가 무지근할 수도 있고, 등뼈가 아플 수도 있고, 얼굴이 가려울 수도 있고, 발바닥에 땀이 나고 있을 수도 있다. 그중에서 가장 두드러진 것 한 가지를 골라 그것을 바라본다.

5. 알아차림

그때 그것을 찬찬히, 깊이있게 바라보아야 한다. 이 말이 긴장을 해서 바라보라는 뜻은 아니다. 긴장함이 없이, 순수하고 부드러운 마음으로 몸에서 일어나는 현상을, 그것이 일어나는 그대로 바라본다.

이 말은 거기에 생각을 덧붙이거나, 그것으로부터 어떤 상념을 일으키지 말아야 한다는 뜻이다. 예를 들어 발에서 땀이 나는 현상을 바라본다고 하면, 땀이 나는 느낌과 감각을 바라보아 알아채야 한다. 그러면 발에서 약간의 온기가 느껴지기도 하고, 물이 흐르는 것 같은 느낌이 느껴지지도 할 것이다. 그런 느낌들을 하나하나 일어나는 현상 그대로 알아차린다.

6. 옮겨가며 알아차림

그러다가 그 현상이 끝나고 다른 감각이 더 크게 마음을 자극해 오면 그 대상으로 옮겨가 그것을 바라본다. 예를 들어 발에서 땀이 나는 현상을 바라보고 있는 중에 등이 뜨끔뜨끔 아프면 등의 아픈 현상을 바라본다. 또, 귀에 규칙적인 시계소리가 들릴 경우에도 귀의 그 소리가 귓전을 울리는 현상을 바라본다.

7. 바라보며 알아차리기의 반복

이런 식으로 몸과 마음에서 일어나는 모든 현상 중에서 가장 강한 것 한 가지를 바라본다.

여기까지 연습하는데 5분이면 충분하고, 또 이것으로써 바라본다는 것이 무엇인지를 다 터득한 것이다.

앞의 연습을 통해 바라봄이 무엇인지를 터득하였으면 이제 2단계를 연습해 보자. 이번에는 보다 효율적인 연습을 위해 10분 정도를 할애하여 다른 사람의 방해를 받지 않는 조용한 장소에 혼자 앉도록 하자.

연습 2 ★ 코로 숨쉬며 바라보기

1. 자세

조용히 앉아 눈을 감는다. 허리와 목뼈를 반듯이 세우고 턱을 약간 잡아당긴다. 두 손을 편안하게 앞으로 모은다.

2. 숨을 들이쉼

자연스럽게 숨을 들이쉬면서 코를 바라본다. 코로 공기가 들어 올 때 코의 안쪽 근육과 콧털이 자극을 받게 되는데, 그 자극되는 현상을 바라본다.

3. 숨을 내쉼

자연스럽게 숨을 내쉬면서 코를 바라본다. 코로 공기가 나갈 때에 도 코의 안쪽 근육과 콧털이 자극을 받게 되는데, 그 자극되는 현상을 바라본다. 두 경우 모두 숨(공기)을 따라가지 말고 코의 근육과 콧털 에서 일어나는 자극 현상만을 바라보아야 한다.

4. 반복

이런 방식으로 20~30회 정도 바라보면서 일어나는 현상을 알아 챈다.

연습 3 ★ 배로 숨쉬며 바라보기

1. 자세

조용히 앉아 눈을 감는다. 허리와 목뼈를 반듯이 세우고 턱을 약간
잡아당긴다. 두 손을 편안하게 앞으로 모은다.

2. 일어나는 배를 바라봄

자연스럽게 숨을 들이쉬면서 배를 바라본다. 공기를 들여 마실 때
배가 불러오면서 배에서 느껴지는 감각 현상을 바라본다. 이때 제일
먼저 느껴지는 것이 배가 불러오는 모양이다. 그 모양을 알아채면
된다.

3. 꺼지는 배를 바라봄

자연스럽게 숨을 내쉬면서 배를 바라본다. 공기를 내뱉을 때 배가
꺼지면서 배에서 느껴지는 감각 현상을 바라본다. 이때에도 배가 꺼
지는 모양이 느껴지는데 그 모양을 알아챈다.

4. 반복

이렇게 20~30회 정도 바라보면서 일어나는 현상을 알아챈다.

연습 4 ★ 과욕이 일어날 때

1. 자세

조용히 앉아 눈을 감는다. 허리와 목뼈를 반듯이 세우고 턱을 약간 잡아당긴다. 두 손을 편안하게 앞으로 모은다.

2. 눈자위를 바라봄

눈자위를 바라본다. 두 눈의 밑부분을 자세히 보면 근육이 긴장해 있는 것을 느낄 수 있을 것이다. 그중 한쪽 눈자위만을 대상으로 조용히, 깊이있게 바라본다. 그러노라면 그것이 얼음이 풀리듯이 풀리는 것을 느낄 수 있을 것이다. 그것이 다 풀리면 다른쪽 눈자위도 같은 방법으로 푼다.

3. 뺨을 바라봄

눈자위가 풀렸으면 같은 방법으로 뺨을 바라본다. 그러면 뺨 또한 긴장해 있음을 느낄 수 있는데, 그 긴장도 양편 모두 풀어준다.

4. 뒷목을 바라봄

뒷목을 같은 방법으로 풀어준다.

5. 어깨를 바라봄

어깨를 바라본다. 어깨는 긴장에 의해 약간 들려져 있을 것이다. 그 또한 조용히, 깊이있게 바라보면 저절로 내려오게 된다.

6. 마음을 바라봄

마지막으로 마음을 바라본다. 마음을 바라본다는 것은 좀 어렵지만 불가능한 것은 아니다. 마음을 바라보면 마음이 들떠 있는 것을 느낄 수 있을 것이다. 과욕하는 마음은 원심적으로 작용하여 들뜨고 흥분되고 긴장되고 피곤해져 있게 마련이다. 그것을 조용히, 깊이있게 바라본다. 그러면 그 또한 결국에는 가라앉게 된다.

이 연습을 해보면 과욕이 몸을 긴장시킨다는 것을 역력히 확인할 수 있다. 그런데 긴장은 그것이 몸에서 일어나든 마음에서 일어나든 독소를 내뿜게 마련이다. 그리고 바라봄은 긴장을 풀어줌으로써 독소를 제거한다.

이것은 바라봄이 자신을 객관하기 때문에 일어나는 현상이다. 자신을 객관화하면 거기에는 과욕이 붙지 않는다. 또한 거기에는 화도 붙지 않는다. 따라서 바라봄은 과욕과 화를 치유하는 가장 좋은 방법이 된다.

바꿔 말해서 우리는 바라봄을 통해 화나는 마음도 다스릴 수 있다. 화가 날 때에도 과욕이 일어났을 때처럼 자기의 몸을 관찰해 보면 금방 화가 가라앉는 것을 확인할 수 있는 것이다.

연습 5 ★ 화가 날 때

1. 자세

조용히 앉아 눈을 감는다. 허리와 목뼈를 반듯이 세우고 턱을 약간 잡아당긴다. 두 손을 편안하게 앞으로 모은다.

2. 숨을 바라봄

숨을 바라본다. 숨은 매우 가빠져 있을 것이다. 그와 함께 어깨가 들썩거리고 얼굴도 화끈거리고 있을 것이다. 마음 또한 치밀어 올라 열기에 휩싸여 있을 것이고, 어쩌면 머리끝에서도 열기가 느껴질 것이다. 그러나 그 모든 것 가운데 중심에 있는 것은 숨이다. 그러므로 제일 먼저 숨부터 바라보아야 한다.

3. 숨을 깊이 바라봄

조용히, 내가 보고 있는 것이 내가 아니라 남이라는 마음가짐으로, 남의 몸을 별 생각없이 무심하게 바라보듯이 숨을 바라본다. 그러노라면 숨은 조금씩 조금씩 가라앉아, 머지 않아 숨은 평상의 상태로 회복될 것이다. 그와 함께 어깨도 내려오고, 화끈거리던 열기도 가라앉아 있을 것이다.

4. 마음을 바라봄

몸이 가라앉았으면 이제 마음을 바라보아야 한다. 마음에는 아직도 약간의 화가 남아 있을 것이다. 그러나 그것 또한 조용히, 깊이있게, 객관적으로 바라보면 곧 가라앉게 된다.

이상의 경험을 통해 우리는 바라봄에 의해 마음의 모든 나쁜 상태가 정상화한다는 것을 알 수 있다. 과욕이 났을 때도 바라보면 마음은 적절한 데로 돌아오고, 화가 났을 때에도 바라보면 마음은 적절한 데로 돌아오게 되는 것이다.

이 말은 의욕이 저하되었을 때에도 마음을 바라보면 된다는 것을 의미한다. 즉, 바라봄은 과욕에 대해서와 마찬가지로 의욕 저하에 대해서도 치유책이 된다. 또, 같은 의미에서 바라봄은 즐거움에 대해서도 치유책이 된다.

    1. 희구
        가. 희구의 과잉 : 바라봄 → 적절한 희구
        나. 희구의 부족 : 바라봄 → 적절한 희구
    2. 감정
        가. 화 : 바라봄 → 바람직한 감정 상태
        나. 즐거움 : 바라봄 → 바람직한 감정 상태

이중에 즐거움이 왜 화와 동일하게 다루어져야 하는지 의문을 갖는

사람도 있겠지만 즐거움도 지나치면 문제가 된다. 따라서 즐거움 또
한 적절한 선에서 절제되어야 하는데, 이때에도 바라봄으로 도움을
받을 수 있다.

연습 6 ★ 의욕이 부족할 때

1. 자세

조용히 앉아 눈을 감는다. 허리와 목뼈를 반듯이 세우고 턱을 약간 잡아당긴다. 두 손을 편안하게 앞으로 모은다.

2. 몸을 바라봄

의욕이 부족한 몸의 상태를 바라본다. 아마도 허리가 굽고 어깨가 처져 있을 것이다. 그것을 바라보면 조금 뒤에 허리가 반듯이 펴지고, 어깨 또한 벌어질 것이다. 마음 상태를 바라본다. 끈질기게, 또렷하게 끊어지지 않고 바라본다. 그러노라면 마음은 천천히 의욕 부족에서 깨어나게 된다.

3. 마음을 바라봄

이번에는 마음을 바라보아야 한다. 마음에는 아직도 약간의 화가 남아 있을 것이다. 그러나 그것 또한 조용히, 깊이 있게, 객관적으로 바라보면 곧 가라앉게 된다.

4. 숨을 쉬며 바라봄

그와 함께 깊은 숨이 들이쉬어진다. 그때부터는 숨을 바라본다. 숨이 깊어지면서 배가 크게 일어나고 가라앉는다. 그 현상을 바라본다.

5. 활력이 생긴 상태를 바라봄

숨이 깊어짐에 맞추어 몸이 활성화된다. 전신에 힘이 돌기 시작한다. 그것을 온몸으로 느끼며 바라본다.

연습 7 ★ 즐거움이 지나칠 때

1. 자세

조용히 앉아 눈을 감는다. 허리와 목뼈를 반듯이 세우고 턱을 약간 잡아당긴다. 두 손을 편안하게 앞으로 모은다.

2. 몸을 바라봄

마음에 즐거움이 일어나면 몸에서도 열이 나게 된다. 그 열기는 얼굴에서 주로 나고, 그와 동시에 가슴도 움직임이 느껴지는데, 그것을 바라본다. 그러면 시간이 지남에 따라 높이 올라갔던 몸의 왼편 시소가 내려가 평정이 이루어진다.

3. 마음을 바라봄

즐거운 마음 상태를 바라본다. 거기에는 분명 들뜬 기운이 있을 것이다. 그 들뜸에 초점을 맞추어 바라본다. 그러노라면 들뜬 기운이 점차 가라앉을 것이다.

4. 평온한 마음을 바라봄

들뜬 기운이 가라앉음과 함께 그동안의 '들뜬 즐거움'이 '평온한 즐거움'으로 바뀔 것이다(이때 지난 번의 들뜬 즐거움이 지금의 즐거움에 비해 질이 낮았다는 것을 깨닫게 된다). 새롭게 얻은 평온한 즐거움을 누리며 그 즐거움을 바라본다.

이로써 바라봄이 높은 것(과욕, 들뜸, 흥분, 열기 등)을 가라앉히고, 낮은 것(의욕 저하, 우울, 실망감 등)을 끌어올린다는 것을 알 수 있다. 이 말은 바라봄이 모든 것을 평등(平等)하게 만든다는 것을 의미한다.

그리고 이 평등이 바로 평화이다. 우리가 바라 마지 않았던 마음의 평화, 행복, 만족은 바로 바라봄으로써 얻어지는 마음 상태, 바로 그것인 것이다.

다만, 바라봄에는 천차만별의 질적 차이가 있다.

어떤 사람의 바라봄은 18급 수준이지만 다른 어떤 사람은 9단의 수준에서 바라본다. 이같은 차이에 의해 바라봄으로써 얻는 평화의 수준은 달라진다.

예컨대 우리가 지금 운용할 수 있는 바라봄의 차원은 높아도 10급 이상은 아닐 것이다. 그렇지만 이 수행법에 통달한 분들로서 7, 8단의 경지에 오른 분들도 있을 것이다.

불교 경전에 의하면 붓다 자신 또한 이 방법을 통해 깨달음을 성취하여 붓다가 되었다고 한다. 그러니 그 분의 바라봄의 수준은 9단격이었다고 말할 수 있을 것이다.

이렇듯 바라봄의 힘은 우리가 바라는 최고, 최상의 경지―마음이 일체의 번뇌로부터 해탈하는 경지에까지 인도해 줄 수 있는 위대한 길이다. 또한 바라봄은 능력 키우기와 욕심 줄이기를 둘 다 만족시켜

주는 조화의 길이기도 하다.

그러나 우리는 세속에서 사는 사람들이다. 따라서 우리가 붓다가 가르친 바라봄만으로써 삶의 모든 순간을 운영할 수는 없는 일이다. 그것은 가족과 모든 소유를 버리고 출가한 분들, 적희구자가 아니라 무희구자를 목표로 삼는 분들만이 할 수 있는 과업이다.

우리는 그런 분들을 가리켜 수도자(스님, 신부님)라고 부른다. 그러나 우리는 그런 전문 수도자가 아니라 세속의 길을 가는 사람이다. 따라서 우리에게는 7단, 8단에게 필요한 정도가 아니라, 1급, 2급 수준의 바라봄이 필요하다. 그리고 그 경우라면 바라봄에는 세속적인 여러 조건이 참조되어 운영되어야 한다. 이것이 포트폴리오의 구성인데, 독자 여러분의 수련이 점차 진보하여 수련에 투자할 수 있는 포트폴리오의 비율이 나날이 높아지기를 기원한다.

봄꽃을 찾아 깊은 산 헤매다 돌아와 집에 이르니 복사꽃이 피었네.

—어느 선사

끝마치는 말

지금까지 우리는 마음 다스리기를 향해 차근차근 탐구해 왔다. 논리가 좀 까다롭게 전개된 것은 사실이지만 그것은 어쩔 수 없는 점이 있으므로 이해해 주시기를 바란다.

어찌되었든 논의가 끝난 이 시점에서 우리에게 남은 것은 실천, 그 한 가지뿐이다. 실천, 실천, 실천. 그리고 또 실천, 실천…. 이것만이 지금까지의 논의를 꽃답게 마무리지어 줄 것이다.

물론 한 발 물러서서 생각하면 지금까지의 논의를 통해 마음의 이치를 잘 이해하기만 해도 큰 이익이 있으리라고 생각된다. 삶의 복잡한 양상과 그 속에서 마음의 평화를 이루는 길을 간명하고 뚜렷하게 이해할 수 있으면 그것만으로도 큰 보람이 있다고 하겠다.

그러나 그런 보람은 거친 세파를 만나면 곧 소멸해 버리고 만다. 즉 실천수련을 통해 얻은 보람과 경지만이 마지막까지 남아 나의 마음의 평화를 보장해 준다는 말이다.

그렇다면 그처럼 실천수행을 한 뒤 나의 모습은 어떻게 변해 있을까.

더 말해 무엇하랴. 그때의 나의 모습은 돌에 비해 나무요, 나무 중에서도 신록이 파릇파릇한 오월의 나무일 것이다. 나무 중에서 꽃나무이고, 화사하게 만개한 벚꽃나무일 것이다.

아니다. 그것도 아니다. 그때 나는 부드러운 풀잎이요, 명랑한 소리로 창공에 솟아 올라 노래하는 첫 새벽의 종달새이다. 그리고 만일 우리의 수련이 더욱 깊어진다면, 아마도 그때 나는 소낙비 내린 뒤 맑게 개인 하늘에 선명하게 걸린 칠색의 무지개일 것이다. 또한 나의 삶은 '그물에 걸리지 않는 바람' 같은 자유, 그것일 것이다.

: : 국내의 위빠사나 명상원 : :

한국 위빠사나 선원 http://www.vipassanacenter.com/
서울특별시 강남구 논현동 98-12번지 청호불교문화원 1층
02-512-5255. FAX : 02-512-5856

보리수 선원 http://www.borisu.or.kr/
서울특별시 강남구 압구정동 408번지
02-517-2841

여래 선원 http://www.buddhapia.cc
대구직할시 수성구 범어동 292-15
053-744-9009

호두마을 http://www.vmcwv.org
충남 천안시 광덕면 광덕리 286-1
041-567-2841 Fax : 041-567-2842

불교TV 무상사 http://www.btn.co.kr/musangsa/
서울 관악구 봉천8동 945-2 불교TV 1층
02-3270-3399

위빠사나 선원 http://www.vipassana.or.kr
경기도 동두천시 생연동 483-27
02-868-3684

봉인사 http://www.bonginsa.net
경기도 남양주시 진건면 송릉리 304
031-574-5585

연방죽 선원 http://lotuspond.compuz.com/
02-334-1763

근본불교 수행도량 http://www.santisukha.org/

광주 수행자 모임 http://cafe.daum.net/bodhi

:: 명상의 시대

아는 것으로부터의 자유
지두 크리슈나무르티 / 정현종 옮김

1980년대에 폭발적인 명상 붐을 일으켰던 20세기 최고의 영적 지도자, 크리슈나무르티의 대표 저서. 현대인들의 불안을 직접적으로 대면하고 치유해 준다는 점에서 꾸준한 관심을 받고 있다.

진실만 말하면서 세상을 사는 법
브래드 브랜튼 / 정현숙 옮김

현대인의 마음은 거짓말로 지어진 감옥이다. 이 책은 그 감옥에서 탈출하여 정직과 진실을 통해 진정한 자유를 얻을 수 있는 방법을 제시한다.

예언자의 노래
칼릴 지브란 / 이석태 옮김

《예언자》라는 불후의 명작으로 20세기의 단테로 일컬어지는 칼릴 지브란의 작품. 사랑과 믿음, 명상과 깨달음의 주제로 삶과 영혼을 노래한다. 그의 언어는 맑고 투명한 샘물처럼 우리의 영혼을 적신다.

내가 만난 내 영혼의 성자들
바가반 다스 / 조하선 옮김

저자가 만났던 인도의 스승 중 가장 손꼽히는 님 카롤리 바바, 바바 하리 다스, 람 다스, 초월 명상 (TM)의 창시자 마하리시 마헤시 등등 지금은 유명해진 성자들의 오래전 모습이 생생하게 전해진다.

:: 숭산 대선사

오직 모를 뿐
현각 편집 / 무산본각 옮김

1972년 미국으로 건너가 28년 동안 해외에서 활발하게 포교활동을 하시고 지금은 입적하시어 불자들에게 더욱 여운을 남기신 숭산 선사의 서한집.

오직 할 뿐
무량 · 무심 외 / 무산본각 옮김

1987년 숭산 스님의 회갑을 맞아 그와 인연을 맺었던 각 여러나라의 파란 눈의 승려, 제자, 수행자들이 소중한 추억담을 모았다.

:: 마음의 법칙

돈을 끌어오는 마음의 법칙(실천편)
사냐야 로만 지음 / 주혜명 옮김(부록 · CD)

돈을 끌어오는 독창적인 방법을 쉽게 따라할 수 있는 책. 하루 15분만 CD를 들으면 학생, 주부, 직장인, 실버 누구라도 상관없이 톡톡히 효과를 볼 수 있다.

돈을 끌어오는 마음의 법칙
사냐야 로만, 듀엔 패커 / 주혜명 옮김

돈을 벌고 부를 축적하는 방법이 변화하고 있다. 돈의 영적인 법칙을 따를 때, 돈과 풍요는 더 많이 흘러오고 축적되어 당신에게 충만한 기쁨을 가져다준다.

성공을 끌어오는 마음의 법칙
쉬브 케라 / 백지연 옮김

세계적 경영 컨설턴트인 쉬브 케라가 여러 나라의 유수한 기업이나 정부기관에서 했던 나를 성공으로 이끄는 축적되어진 강의의 에센스.

내 직업을 찾는 마음의 법칙
데보라힌 스미스 / 홍성정 옮김

100가지 이상의 직업을 두루 경험한 특이한 이력의 소유자인 저자가 만족할 만한 직업을 얻게 하는 가이드.

:: 치유 건강

치유 예술로서의 춤
안나 할프린 / 임용자 · 김용랑 옮김(부록 · CD)

암 치유 분야의 대가로 불리는 저자가 워크숍 형태로 구성한 책. 생명을 찬미할 수 있는 잠재력을 구체화한 치유와 지혜의 서(書)이다.

춤 · 동작 치료와 심층심리학
조안 초도로우 / 임용자 · 나해숙 옮김

융 분석심리학의 기본 개념을 예술치료와 관련지어 그 정수(精髓)를 개관한 책으로 심리치료에 매우 중요한 이론들을 실제 동작의 주제들로 접근했다.

민정암의 기(氣)
민정암 지음(부록 · CD)

대기업과 방송매체에서 마인드컨트롤을 강의했던 민정암 선생이 전하는 기(氣)의 원리와 태극기공의 모든 것을 쉽게 배울 수 있다.

요가, 나만의 라이프 스타일
이희주 지음(부록 · 동영상 CD)

바쁜 직장 여성들을 위해 가장 효과적인 요가 자세만을 집약시킨 책으로 부록인 동영상 CD를 통해 더욱 쉽게 나만의 요가를 즐길 수 있다.

물, 치료의 핵심이다
F. 뱃맨겔리지 / 김성미 옮김 / 전세일 감수

"당신은 아픈 것이 아니라 단지 목이 마를 뿐이다!" 인간이 가지고 있는 질병들이 단지 몸속에 수분의 부족현상 때문이라는 획기적인 내용을 다룬 책.

척추변형을 바로잡는 정체운동

이남진 지음

우리의 척추가 얼마나 어떻게 비뚤어져 있는지 150여 컷의 사진으로 정확하고 구체적으로 보여주고, 이를 스스로 바로잡는 운동법을 소개.

:: 교양

인간 동물원

데즈먼드 모리스 / 김석희 옮김

동물학적 관점에서 현대인의 '문명적 광기'를 파헤친 기념비적 저작! 세계적인 동물행동학자의 시각으로 권력, 지위, 섹스, 전쟁 등의 사회적 문제들을 '동물원'에 갇힌 동물들과 비교분석한 책.

밀레니엄의 대예언 1, 2

존 호그 / 최환 옮김

에드가 케이시, 라즈니쉬, 노스트라다무스, 블라바츠키를 포함한 89명의 예언자들이 신·구약 성서를 비롯한 102가지 원전에서 뽑은 미래 예언서의 결정판.

자본주의의 종말

고철기 지음

인도 성자 사카르의 비전을 통해 밝힌 미래서. 경제 대공황, 물 위기, 식량 위기, 자연적 대변혁으로 20세기 말 자본주의는 필연적으로 붕괴하고, 21세기에는 프라우트와 네오 휴머니즘에 의해 신(新) 문명이 도래할 것이라 예언.

로즈웰 파일

필립 J. 코르소, 윌리엄 J. 번스 / 최환 옮김

1961년 미 육군이 뉴멕시코 주 로즈웰에 추락한 외계 인공물에 대해 수행한 모방 공학 프로젝트를 담고 있는 로즈웰 파일. 당시 미 국방성 퇴역 대령이 미국 정부의 충격적인 UFO전략을 폭로한다.

요기 예수 1, 2, 3

콜린 드실바 / 김철호 옮김

예수의 12세부터 30세에 이르는 18년 동안의 행적에 대해 기록이 없다는 사실과 세 동방박사들의 정체가 무엇이냐라는 신약성서에 잠재한 두 가지 미스터리를 축으로, 풍부하고 호소력 있는 묘사를 통해 광대한 서사 공간으로 독자를 안내한다.

인간의 마지막 진화, 호모 노에티쿠스

조지 트레벨란 / 박광순 옮김

'위대한 예언자들의 전통 위에 확고히 서 있는 사람'이라는 평을 듣는 뉴 에이지 운동의 선각자 조지 트레벨란이 전지구적인 패턴을 명확하게 분석하여 새 시대의 비전을 열정적인 논리로 제시하고 있다.

탈무드에서 배우는 돈의 지혜

닐턴 본더 / 김태항 옮김

다양한 일화를 통해 삶 안팎으로 움직이는 돈에 근거하여 이 세계를 보다 깊게 이해함으로써, 돈을 벌고 쓰는 것보다 중요한 통찰력을 얻게 해주는 책.

초자연, 자연의 수수께끼를 푸는 열쇠 1, 2

라이얼 왓슨 / 박광순 옮김

아인슈타인의 상대성 이론처럼 불확정성 원리에 입각하여 초자연적 현상을 추적해간 대중적 과학서. 방대한 과학적 자료와 저자의 해박한 생물학적 지식을 토대로 구성된 책.

성적, 이제 내 마음대로 한다

민정암 지음(부록·집중력을 높이는 CD)

대기업과 방송매체에서 마인드컨트롤을 몇 년째 강의했던 저자가 직접 개발한 지능기공을 통해 머리가 맑아지고 집중력이 향상되는 것을 입증해 보인다. 또한 부록 CD를 통해 실질적인 도움을 얻을 수 있다.

:: 루돌프 슈타이너

초감각적 세계 인식

루돌프 슈타이너 / 양억관, 타카하시 이와오 옮김

슈타이너의 〈인지학〉 시리즈 중 첫 번째 책. 현자들이 우리 삶의 고차원적인 수수께끼를 얻는 방법과, 신비 수행에 입문하는 적절한 길에 대해 소개한다.

색채의 본질

루돌프 슈타이너 / 양억관, 타카하시 이와오 옮김

눈에 보이는 색채는 '색이 부착된' 물체가 흡수하기를 거부하여 튀어나온 진동하는 빛의 파장이라는 색채 유물론에 대해, 저자는 영학적 논리에서 물질이야말로 색에 의해 생성된다는 색채령 주도론, 즉 물체 종속론을 소개한다.

신지학

루돌프 슈타이너 / 양억관, 타카하시 이와오 옮김

인지학 연구를 집대성한 책. 감각적 존재를 넘어선 예지, 인간의 사명과 본질을 밝히는 예지인 '신의 예지', 즉 신지학(神智學)을 소개한다.

교육은 치료다

루돌프 슈타이너 / 김성숙 옮김

단순한 개별적 교수법이 아닌 가장 본질적인 부분, 즉 인간 존재와 정신의 실존에 대한 진정한 모습을 바라보는 교육 사상을 담고 있다.

교육의 기초로서의 일반인간학

루돌프 슈타이너 / 김성숙 옮김

인간의 존엄을 다시 한 번 되찾게 하려는 교육이 페스탈로찌, 프뢰벨, 슈타이너 교육사상의 핵심이었다면, 이 책은 바로 전대미문의 방법으로 그 핵심을 구체적이고 상세하게 논하면서 진정한 전인교육을 가능케 한다.

오이리트미 예술

루돌프 슈타이너 / 김성숙 옮김

신체를 통한 동작 표현을 넘어선 '보이는 언어 예술'인 오이리트미는 발도르프학교의 필수과목이다. '내적 체험을 통한 자기 교육'을 목표로 하는 슈타이너의 교육철학을 실제적으로 담고 있다.